岩　波　現　代　文　庫

ウクライナ 通貨誕生

独立の命運を賭けた闘い

西谷公明

Tomoaki Nishitani

社会 334

岩波書店

岩波現代文庫版へのまえがき

現下の戦争に終わりは見えない。

かつて私がはじめてこの国を訪れたのは、かれこれ三〇年ほど前、ソ連崩壊直前の一九九一年秋のことである。当時、私は銀行系のシンクタンクに勤めており、激動するソ連情勢を調査するために、その頃はまだソヴィエト連邦構成共和国のひとつで、独立の急先鋒だったウクライナの首都キエフを訪れた。

そして、この訪問がきっかけとなり、ソ連崩壊から明けた九二年五月から一〇月まで半年間、最高会議の経済改革管理委員会のお世話になり、ゼロからの国づくりの実情をじっくり見させていただいた。そのときの経験をもとにして書いたのが、『通貨誕生——ウクライナ独立を賭けた闘い』(一九九四年三月、都市出版)である。

往時、日本にはロシア研究の学者や専門家はおおぜいいたが、ウクライナに関心を寄せる者など数えるほどしかいなかった。日本における関心はもっぱら北方領土返還交渉の相手となるロシアに集まり、ウクライナが注目されることはほとんど稀だった。言うなれば、私は「変わり者」である。その後、この本がいくらか読まれてか、そのような

「変わり者」がいることがそれとなく世間の知れるところとなり、初代駐ウクライナ日本大使の故末澤昌二氏のお招きで、一九九六年から九九年まで三年間、外務省が派遣する専門調査員として、開設して間もないキエフの日本大使館で勤務することになった。この国との長い付き合いは、こうして始まる。

『通貨誕生』は、文字どおり「ルーブル経済からの離脱」という、ロシアとの主として経済面での確執と対立を、国づくりの現場の視点で描いたルポルタージュである。この度、久方ぶりに読み返しながら、現下のロシア・ウクライナ戦争へとつづく因縁が、まさにこのときから始まっていることをあらためて痛感する。

ウクライナの独立が、ソ連の崩壊によって実現したことは言うまでもない。だが、そこには単に一国の悲願の独立という以上に重要な意味が込められていた。他ならぬロシアからの独立だったという点に、この不幸な戦争へつながる歴史的な因果をすでに内包していたからである。独立派のナショナリストにとり、独立とは、すなわち「帝国ロシアからの離脱」だった。したがって国づくりの課題のほとんどは、ソ連の継承国ロシアとの関係をどう清算するか、というほぼ一点に集中していた。『通貨誕生』は、ソ連崩壊からいまへいたるウクライナ独立への長い闘いの原点とも言える。

文庫版の刊行にあたり、その後、月刊『世界』に寄稿したふたつの論考、「誰にウクライナが救えるか」(二〇一四年五月号)と「続・誰にウクライナが救えるか」(二〇二二年四月臨時増刊号)を、この機会にいくらか加筆、修正して再録することにした。

前者は、二〇一四年二月政変(ユーロマイダン革命)を受けて、かつて専門調査員時代に親交を重ねたユシチェンコ元大統領(一九九三年から九九年までウクライナ国立銀行総裁を務めた)へ宛てた書簡の形を借りて書いたもの。また後者は、ついに二〇二二年二月に始まった「ロシアによるウクライナ侵攻」という衝撃的な事態を受けて書き下したもの。

たしかにロシアによるウクライナ侵攻は、許しがたい暴挙である。けれども、この戦争を「侵略する大国ロシア」vs.「蹂躙され、抵抗する小国ウクライナ」という二国間の対立図式のみで論じている限り、この問題の本質に光をあてることはできないと思う。

一九九一年一二月、ソ連は崩壊する。冷戦も終わる。そして、東西の壁が消えたロシアとヨーロッパのはざまの平原に、ソヴィエト連邦下の一共和国を領土とする大きな国が現われる。言語、宗教、歴史的な背景において国民国家(ネーション・ステート)としての一体性を欠いたまま。それがウクライナなのだった。独立後三〇年の歩みは、このような地政学的な与件と歴史的な矛盾を抜きにしては語れない。

他方、今日のウクライナをめぐる問題は、この国自体が宿す内なる危うさの発露であると同時に、「ソ連崩壊後」における西側諸国とロシアの関係性の問題、あるいはロシアという国とその社会が内に孕む問題の反映でもあるかもしれない。

いずれにせよ、二〇二二年二月二四日に始まったロシアによるウクライナ侵攻によって、「ソ連崩壊後」が新たなフェーズに入ったことは明らかである。同時に、一九八九年一一月九日のベルリンの壁崩壊に始まる「冷戦終結後」の長いようで短かった三〇年も、また終わりを告げたと私は考えている。

ならば、そもそもウクライナ問題とは何か。

本書が、この問いについて考えるためのささやかな一助となれば幸いである。参考として、巻末にウクライナ略年表を付した。

なお、本文中に登場する人物の肩書は、執筆当時のままとさせていただいた。ウクライナ国内の地域・都市名も、ウクライナ読みが未確定のものも多いため、一部を除いて旧表記(ロシア語読み)のままとした。

末筆ながら、闘病療養中にもかかわらず解説をお寄せくださった佐藤優氏に心より感謝申し上げる。あわせて、文庫版の刊行にご尽力いただいた岩波書店書籍編集部の中本直子さんにも謝意を表したい。

二〇二二年一二月一日

戦争の早期終結を願いつつ　著　者

目　次

はじめに

一九九三年一〇月三日。その日、私はウクライナの首都キエフ（キーウ）にいた。最高会議にある経済改革管理委員会の一室で、バラバシュ書記や国立銀行のマルコフ総裁代理とともに、ウォッカグラスを傾けながら半年ぶりの旧交を温め合っていた。「ロシアで内乱が発生した。モスクワ市役所から炎が上がっている」。第一報は、午後五時頃、広報担当のイーゴリ君からの電話で伝えられた。

宿泊先のインツーリスト・ホテルへ戻ってみると、カフェに備えられたテレビの前で、西側からやってきたビジネスマンに混じって、従業員たちが不安そうな眼差しでニュースに見入っていた。「内戦だ」「いや、そこまでいくかな」「ロシアが内戦になれば、きっとウクライナにも飛び火するよ」

当時、ウクライナもまた激しく揺れていた。九月はじめ、クラフチュク大統領が黒海艦隊と核弾頭を犠牲にしてロシアに対するエネルギー債務を返済したいと表明したことに、議会のナショナリストたちが激怒したからだ。

だが、モスクワで内乱が起こったのを知ると、キエフでは大統領とナショナリストたちが歩み寄り、対立はにわかに収まりそうな兆しが見えた。「大統領の独裁が怖いからではない。もしもウクライナで同じことが起これば、それこそ国が分裂してしまうだろう。ウクライナの独立はまだまだ脆い」。翌日、ピリプチュク委員長は、経済改革管理委員会の立場についてこのように述べた。

ウクライナという国について、日本ではあまり馴染みがないかもしれない。ひところ、この国が私たちの注意を引いたのは、いまを去ること二年前の冬だった。九一年一二月、この国の独立表明が引き金となってソ連が解体に追い込まれたのは、いまだ記憶に新しい。

私は、九一年の八月クーデター以後、これまでに五度、ウクライナを訪れた。特に、突然のソ連消滅の衝撃とともに明けた九二年には、五月のはじめから一〇月の終わりにいたるまで、およそ半年間にわたって首都キエフに滞在した。そして、連邦解体後の経済の現状を見て歩き、また最高会議のもとにある経済改革管理委員会の一員となって、国づくりの現場に舞台裏から立ち会った。

本書は、この間、私がウクライナに暮らし、そこで見聞きしたこと、考えたこと、委員会の友人たちと語り合ったことなどをありのままに綴った紀行であり、また五度にわたる現地調査に基づいて記した国づくりのドキュメントである。

私にとって、ソ連解体後のウクライナへの旅は、経済学の基本的な主題についてあらためて問いかけられる旅でもあった。そもそも通貨とは何か、金融とは、また市場とは何か。混沌としか言いようのない経済の現実と向き合って、私は時に大いに失望し、驚き、また明るい希望を見出しもした。

また、私は、ウクライナのようなロシア以外の旧ソ連構成諸国にとって、国家として自立していくということがどれほど困難なプロセスであるかを肌で感じた。ソ連を否定した時、ロシアはモスクワが首都だから、旧ソ連の機構を引き継げばその日から改革として再出発できたが、ウクライナには改革すべきものすら備わっていなかった。あるいは、皮肉にもこの国では国家そのものが消えてしまった、と言った方が適切かもしれない。

一方、CIS(独立国家共同体)は、いまも私にとってはUFO(未確認飛行物体)である。私はCISという用語にどうしても現実感を持てないので、この本の中でもできるだけ使わないように心がけた。エリツィンのロシアはゴルバチョフのソ連を倒した後、今度は自らが中心となって仲間を募り、新しい共通の家を建てようとしたのだが、私には、ウクライナの独立を前提にする限り、それははじめから矛盾した話のようにしか思えなかった。なぜなら、ウクライナは他でもないロシアそのものから自由になりたかったのだから。したがって、近い将来、旧ソ連の国々が再び求心力によって結ばれることになるとしたら、それは「もうひとつのソ連」が再建される時ということではないか、あるいはウクライナで国づくりのドラマに幕が引かれる時ということではないか、と思われた。

むろん、その日が来ることを私は望まない。

だが他方では、はたしてソ連は本当に消えてしまったのか、という疑問もある。ウクライナへの旅は、いまでは位牌の奥で静かに眠っているはずのソ連の息づかいについても、また深く考えさせられる旅でもあった。

この本は、これまでになんらかのかたちで旧ソ連の問題にかかわってきた人々のみを、読者として想定して書いたものではない。できるだけ広く多くの方々に読んでいただき、ソ連解体後の経済の現実とウクライナという国についてお伝えしたい、という強い思いでまとめたものである。

なお、本文中、さまざまな場面で登場する企業や人物は、ルポルタージュとしての臨場感を損なわないようにするために、すべて実名で記すことにした。またその場合、敬語を用いることはできるだけ控えた。敬語にこだわり過ぎると、私自身が置かれている企業社会での人間関係がついつい表に出てしまい、報告の宛先を著しく狭めてしまうおそれがあると考えたからである。

さて一〇月六日、キエフからの帰路に立ち寄ったモスクワでは、昨日までの出来事がまるで嘘であったかのように、ありふれたインフレ下の日々が戻っていた。だが、九一年の夏は違っていた。早速、国づくりのドラマの第一ページを記すことにしよう。

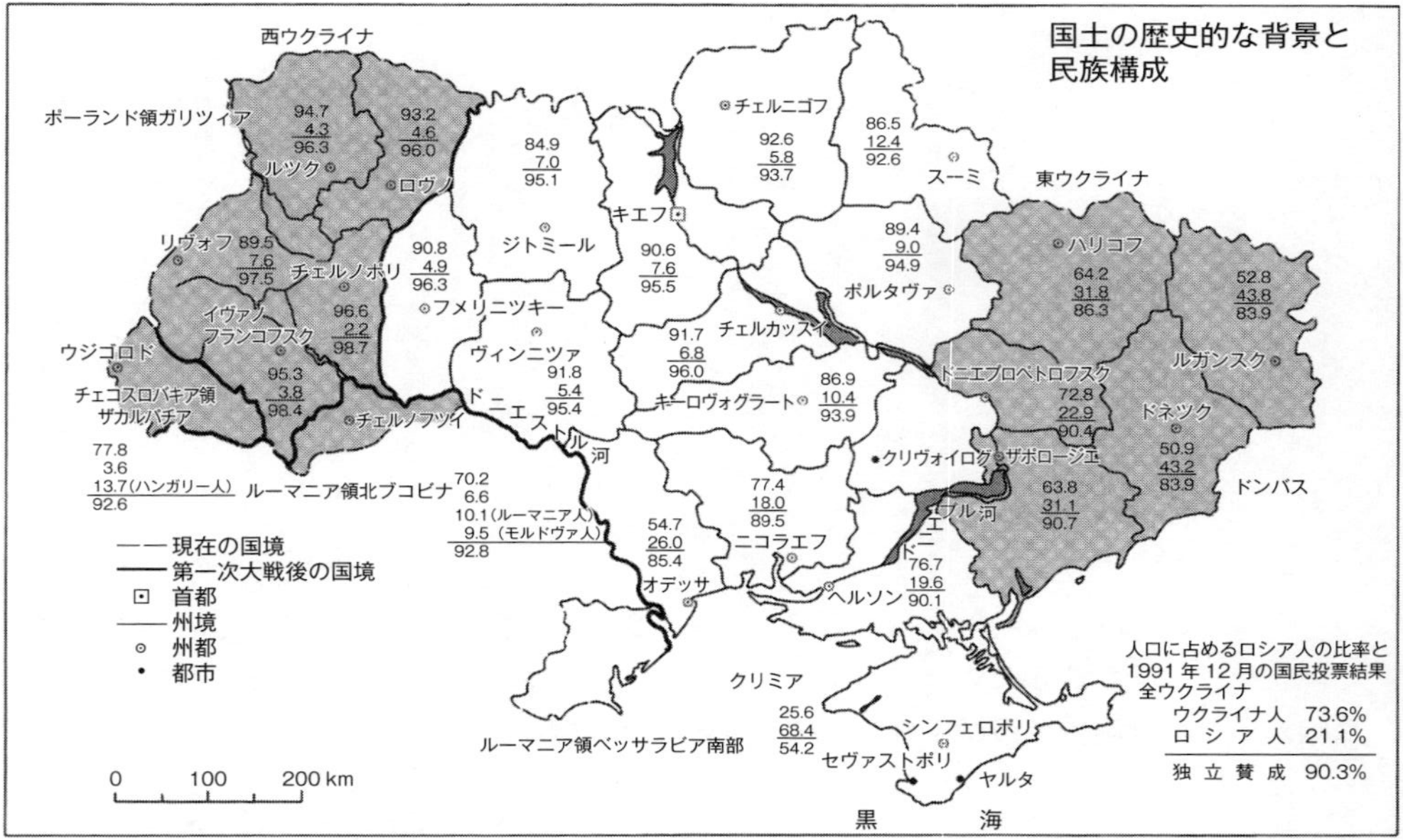
国土の歴史的な背景と民族構成
西ウクライナ
ポーランド領ガリツィア
94.7 4.3 96.3
ルツク
93.2 4.6 96.0
ロヴノ
リヴォフ 89.5 7.6 97.5
チェルノポリ
イヴァノ フランコフスク
96.6 2.2 98.7
ウジゴロド
95.3 3.8 98.4
チェコスロバキア領 ザカルパチア
チェルノフツイ
77.8 3.6 13.7(ハンガリー人) 92.6
ルーマニア領北ブコビナ
70.2 6.6 10.1(ルーマニア人) 9.5(モルドヴァ人) 92.8
84.9 7.0 95.1
ジトミール
90.8 4.9 96.3
フメリニツキー
ヴィンニツァ
91.8 5.4 95.4
ドニエストル河
キエフ
90.6 7.6 95.5
チェルニゴフ
92.6 5.8 93.7
86.5 12.4 92.6
スーミ
東ウクライナ
89.4 9.0 94.9
ポルタヴァ
91.7 6.8 96.0
チェルカッスイ
キーロヴォグラート
86.9 10.4 93.9
ハリコフ
64.2 31.8 86.3
52.8 43.8 83.9
ルガンスク
ドニエプロペトロフスク
72.8 22.9 90.4
ドネツク
50.9 43.2 83.9
ドンバス
クリヴォイログ
ザポロージエ
63.8 31.1 90.7
ドニエプル河
77.4 18.0 89.5
ニコラエフ
54.7 26.0 85.4
オデッサ
ヘルソン
76.7 19.6 90.1
クリミア
25.6 68.4 54.2
シンフェロポリ
セヴァストポリ
ヤルタ
ルーマニア領ベッサラビア南部
黒海
現在の国境
第一次大戦後の国境
首都
州境
州都
都市
0 100 200 km
人口に占めるロシア人の比率と1991年12月の国民投票結果
全ウクライナ
ウクライナ人 73.6%
ロシア人 21.1%
独立賛成 90.3%

序章

ウクライナとの出会い

独立広場を行き交う市民たち．かつては正面のモスクワ・ホテルの前にレーニン像が立っていた

一九九一年「八月クーデター」後、直ちにキエフへ

あの夏、ソ連は激動した。それは、世界のあらゆるソ連ウォッチャーの予断を許さない勢いで革命の奔流と化した。渦中のモスクワでは「ロシア、ロシア」と叫ぶ市民の手で内務保安警察KGBの創設者、ジェルジンスキーの彫像が倒され、大型クレーンがそれを吊り上げて撤去するシーンが世界中に流された。東京の自宅でテレビに齧《かじ》りつくようにして、私もそれを見た。歴史を刻む時の流れが、スローモーションビデオでゆっくりと送られていくようだった。

クリミアから帰還した大統領ゴルバチョフには、もはや世界史の大転回を告知する「開明君主」としての輝きはなかった。間もなく彼自身によって出されたソ連共産党の解散宣言は、クレムリンの求心力を一気に拡散させることになった。だが、権力を吹き飛ばした後、自由になったソ連はいったいどのような国家を目指すのだろうか。手がかりは、日本に近い極東の諸都市にも首都モスクワにもないように思われた。

いまでは広く知られているように、八月クーデターの狙いは、同月二〇日に予定されていた新連邦条約の調印を阻止することにあった。最大の焦点は税制問題の行方だった。条約案では徴税権が連邦から奪われて、共和国に一本化されることになっていた。共和

国側の狙いは、税をすべて共和国税とし、その一部を連邦に上納するかたちに改めて、連邦機関の活動を予算面から制限することにあった。そして、ロシアとともにその急先鋒に立っていたのがウクライナだったのである。ソ連がこれからどうなるか。手がかりはウクライナにあるのではないか。とにかくこの国へ行ってみることにしよう。一九九一年九月、私は矢も盾もたまらずにウクライナへ出発した。

ウクライナの国土と人口

（単位：万 km², 万人）

	面　積	人　口
ウクライナ	60.37	5,200
フランス	55.15	5,400
ポーランド	31.27	3,500
ハンガリー	9.30	1,100

出所：総務庁統計局編『国際統計要覧』(1991 年版)

日本から西へユーラシア大陸を横切ってはるかに八〇〇〇㎞、黒海の北のほとりにウクライナはある。人口五二〇〇万、面積六〇万㎢。人口ではポーランド、チェコとスロバキアの合計を優に超え、ドイツ、フランスに次いでヨーロッパで第三位、国土はヨーロッパ随一の広さを有する。また、旧ソ連の生産国民所得(社会主義国における物的生産体系に基づく国民所得概念)と総工業生産の一七％以上、総農業生産の二二％以上を占め、一五共和国のうちではロシアに次ぐ堂々たる大国である。

この国の経済の強さは、まず食うに困らないことにある。ウクライナは肥沃な黒土地帯を有し、旧ソ連の食糧庫であった。革命前まで、キエフには世界最大の砂糖取引所があり、

スラブ系３共和国の規模と経済力

（単位：％）

項　目	ウクライナ	ロシア	ベラルーシ	３共和国
人　口	18.0	51.5	3.6	73.1
面　積	2.8	76.3	0.9	80.0
国民所得	16.2	61.3	4.2	81.7
工業生産	17.2	63.7	4.2	85.1
農業生産	22.6	47.0	5.8	75.4
石　油	0.9	90.9	0.3	92.1
天然ガス	3.9	77.8	0.0	81.7
石　炭	24.9	55.1	0.0	80.0

出所：ソ連国家統計委員会編『連邦共和国　主要経済社会統計』
注１：数字は1989年実績.

「ヨーロッパの穀倉」とも呼ばれていた。また、エネルギーを除けば地下資源にも恵まれ、旧ソ連の鉄鉱石の四五％、石炭の二五％を産出する。旧ソ連は世界第一位の鉄鋼生産国であったが、その三五％をウクライナが占めていた。機械工業も盛んで、軍需産業の層も厚い。

また、地理的に見ても旧ソ連の要衝にある。まず、ヨーロッパへの回廊にあたる。国土の東半分は、帝国の懐をえぐるように長い国境でロシアと接し、西は標高一六〇〇ｍのなだらかなカルパチアの山々を越えて、ポーランド、スロバキア、ハンガリー、ルーマニアなどの中・東欧諸国と接し、ヨーロッパの国々へ結ばれる。また南では、黒海を制して小アジアから中近東の国々を望んでいる。ドニエプル河をはじめ、主要な河川はみな南下して黒海に注ぎ、ボスポラス海峡を抜けて地中海に出る。ロシアの発展が、黒海沿岸の水上輸送の利便性に支えられてきたことは言うまでもない。北極海は冬には氷で閉ざされる。したがって、ロシアにとって黒海はかけがえのない南の海への出口であり、ヨーロッパとアジアに開かれる通商の要なのである。

一方、首都キエフは文化の都でもある。シェフチェンコ記念オペラ・バレエ劇場はモスクワのボリショイ、サンクトペテルブルク(旧レニングラード)のマリンスキー(旧キーロフ)と並ぶ、旧ソ連の三大オペラ・バレエ劇場のひとつである。シェフチェンコ・バレエ団が演じる「白鳥の湖」や「くるみ割り人形」などは絶品だ。私は学生時代に「くるみ割り人形」の東京公演を観て、その華麗な舞台にすっかり魅了された。

何よりもロシアからの独立を

私が訪れた時、ウクライナのソ連離れは予想以上に先鋭化していた。八月クーデターが終わって二週間足らずというのに、キエフから見るとソ連という国はすでに存在していないかのようだった。驚いたことに、ここでは世界を揺るがせた八月政変ですら、ソ連政府とロシア共和国政府の間の覇権争いぐらいにしか見られていなかったのである。街を行き交う人々は、ロシア語を知っているのにウクライナ語で語り合い、書店に並ぶ本は経済統計にいたるまでほとんどみなウクライナ語で書かれていた。それは、ちょうどそれよりさらに一年前、リトアニアの首都ビリニュスや、エストニアの首都タリンの街を歩いた時の印象と似ていた。

中心街のフリシャーチク通りに面して一〇月広場があった。それが、いまは名を変えて独立広場と呼ばれている。八月クーデター後、ソ連の各地で見られたのと同じように、ここでもまたレーニンの石像が撤去されようとしていた。夕方になると、仕事帰りの労働者たちが広場に集まった。首にロープが掛けられ、それをクレーンが吊り上げるとレーニンがゆっくりと傾いた。じっと見守る群衆の間からどよめきが起こった。だが、高さ一〇mはありそうな重々しい巨大な石の塊である。文字どおり、一筋縄ではいかない。この日だけではなく、独立広場では連日、ナショナリストや学生たちの集会がいくつかのグループに分かれて開かれ、水色と黄色のウクライナ国旗があちこちで揺れていた。

ソ連離れは、正しく言えばロシア離れだった。ウクライナにとってソ連とはロシアであり、したがってこの国が目指していたのは共産党体制からの脱却というより、まずロシアからの独立であった。ウクライナの人々の間には、自分たちはロシアが版図の大半を占めるソ連の巨額の軍事費を払わされて損をしているのではないか、という思いがあった。それどころか、すでに九〇年頃からは各共和国が税金を連邦政府に上納しなくなったので、軍を維持するために通貨がいたずらに増発され、そのためのインフレで迷惑を被っている、という被害者意識も強かった。そしてこのような経済的な不満が、ウクライナのロシア離れを急がせた。

キエフ大学の国際経済学部長のヴォローシン教授は、流暢な英語を話す紳士だ。彼は、ゴルバチョフ政権時代に急進的な「五〇〇日プラン」で名を馳せたシャターリン教授など、モスクワの有力なエコノミストとも親交があり、八月政変後はシラーエフ委員長が指導する旧ソ連の共和国間経済委員会のブレーンとして活躍していた。また、自ら国際ビジネススクールを主宰し、若いビジネスマンの育成に力を注いでもいた。彼は、いかつい黒ぶちのメガネの奥から私の反応をじっとうかがうように、ウクライナの経済政策について語ってくれた。彼の話をまとめると、それは次のようだ。

ウクライナが歴史の列車に飛び乗るようにロシアから離れていくきっかけになったのは、農産物のロシアへの流出だった。ペレストロイカの末期ともなると、ロシアではインフレが激しくなり、ウクライナの安い農産物を買いつける商人が急増した。そこで、ウクライナ政府はロシアからの悪影響を避けるために、九〇年一二月から次の二つの政策を実行した。

まず第一に、クーポンを導入してルーブルをソ連全域にわたる統一通貨の座から引きずり降ろし、ソ連政府の意図していた統一的な通貨政策を無効にした。

事実、ヴォローシン教授の言うように、私がはじめてキエフを訪れた九一年九月、すでにウクライナではルーブルだけ持っていても国営商店では買い物ができなかった。人々は毎月、モスクワが発行するルーブルのほかに、共和国財務省が発行するクーポンを給料の七〇%分だけ支給され、食料品や衣類など基礎的な消費物資はルーブルとクーポンの両方がないと買えないことになっていた。この措置によって給料のうち実質的に使えるのは七〇%になるから、国営部門に限っては過剰流動性を理論的には三〇%だけ排除できることになり、生活必需品は価格をいくらか安定化できるはずだ。外国から訪れた私にも、ホテルの銀行でドルを両替するとルーブルといっしょにクーポンのシートをくれた。

第二に、国境の検問を厳しくして、物流を遮断した。ウクライナはクーポンと国境の検問という二つの楔を打ち込んで、共和国経済をロシアから守り、結果的にロシアを苦境に追い込むことになった。

それればかりではない。ウクライナ国立銀行のサプチェンコ副総裁の説明によれば、同行は、この時すでに複数の西側民間銀行との間でコルレス契約(銀行相互間で為替取引を清算するための仕組み)を結んで銀行間の相互決済を可能にする計画を進めており、また西側の銀行マンを副総裁格でスカウトし、中央銀行として独自の金融・財政政策を進めようともしていた。

ソ連は、急速に完全消滅への道をたどっていた。たしかにウクライナはロシア帝国が成立してからは長くロシアに従属しており、両国の間にはウクライナのロシアに対する深い怨念と確執を育ませるだけの歴史はあった。ロシア帝国の領土拡張の歴史をたどると、最初は鉄道建設に始まって民族の同化には比較的寛容であったが、一九世紀の中頃からは、征服した植民地に対してロシア正教やロシア語を強制する厳しいロシア化政策へ転換した。さらに二〇世紀には、スターリン体制下で言語のロシア語化、またウクライナ東方カトリック（「ユニエイト」とも呼ばれ、東方正教会の儀式をおこなうが、バチカンのローマ教皇の権威を認める）の禁止とウクライナ正教のロシア正教への統一などが強行された。これに対してウクライナの人々は激しく抵抗し、ロシア革命期以来、幾度かの独立戦争を戦った。

だが、もともと両国はベラルーシとともに東スラブの兄弟国だ。ソ連時代を通じて良好な関係が維持され、ウクライナはモスクワと直結した軍需産業の一大拠点となり、両国の経済と社会は一体化していた。それだからこそ、ゴルバチョフ・ソ連大統領は九一年一二月五日、結果的には新連邦条約をめぐる最後のトップ交渉となったエリツィン・ロシア共和国大統領との会談で、「ウクライナ抜きの連邦は考えられない」と語ったのだろう。そのような国でも、国民の支持を得て、政治的、経済的な独立への政策が着々と実施されていた。

独立派エコノミストたちとの交流

それから一カ月後の一一月はじめ、日本の海外直接投資について議会の関係者にレクチャーをすることになり、私は勤務先の上司である竹内宏理事長らとともに再びキエフを訪れた。

ボリスポリ空港には、ウクライナ日本協会(略称、ウ日協会)のリェザネンコ理事長が迎えに出てくれた。彼はキエフ大学で日本語を教えている。ウ日協会は、リェザネンコさんらが中心となり、科学アカデミーの研究者や実業家が集まってつくられた。日本の高い工業力に期待して、日本との交流を橋渡しするため、モスクワでクーデターが発生する半年以上も前に設立された組織だ。ウ日協会にとっては久しぶりの日本人客であったためか、私たちのためにびっしりと予定が組まれていた。そのなかには、経済閣僚との会談、科学アカデミーの学者や実業家との討論会、政府のブレーン・エコノミストとのディナー、シェフチェンコ・バレエ団との懇談やバレエ鑑賞などもあり、休む暇もなかったが、私たちは心尽くしの歓待に遇って感激した。

最高会議の執務室では、経済改革管理委員会の若いメンバーが勢ぞろいして私たちを待ち受けていた。ピリプチュク委員長は、風格を感じさせる筋金入りのナショナリストだった。同委員長の説明によれば、クーポンを導入し、国境の検問を強化した結果、キエフのインフレ率はモスクワのそれと比べると四分の一ぐらいに抑えられているという。しかし、このような条件の下でロシアがルーブルの印刷機を独占して価格を自由化すれば、超インフレに突入するロシアにルーブルが吸収されて、他の共和国に回らなくなってしまう。すでにこの時、ウクライナではルーブルが不足し始めており、自国通貨の導入は早晩、避けられない情勢になっていた。そこで、ウクライナ政府は新通貨「フリブナ」を印刷するための設備をカナダに発注し、キエフに造幣局が完成するまではカナダで印刷して輸入する手筈を整えていた。

だが、私にはウクライナの離反をロシアが黙って認めるようには思えなかった。この国はエネルギーの大半をロシアに依存している。「ロシアが石油の輸出価格を引き上げたら、いったいどうするつもりか」。私が問いただすと、「その時には、シベリアからわが国を経由してヨーロッパへ通じるパイプラインの通行料を要求することになろう。少なくとも三〇億ドルにはなるから十分におつりがくるはずだ。また、ロシア最大のチュメニ油田で働く石油技術者の半分以上はウクライナ人なので、いざという時には彼らを引き揚げさせてもいい」と、実に勇ましい。そして、日本との経済交流へ熱い期待を語った。「ウクライナは石油を持たないので、加工輸出型の産業に特化して成功した日本の経験に学びたい」

ウクライナの経済基盤の強さ

エコノミストたちは、独立の必然性について次のように言う。ウクライナは人口と面積がフランスとほぼ同じぐらいの大きさで、工業国として最適な規模だ。また豊かな農業国であり、産業構造もバランスがとれている。軍需産業には高い技術力もある。もし、西側諸国と直接、経済交流を進めることができれば、順調な発展を遂げることができるだろう。

たしかにそうかもしれない。ウクライナは世界有数の穀倉地帯である。食うに困らず、食糧の輸出余力があるから、ロシアのエネルギー戦略には食糧戦略で対抗できるかもしれない。これが独立への経済基盤だ。

事実、キエフの自由市場はモスクワのそれと比べてはるかに活気に富んでいた。中心街にあるベッサラフスキー市場には、肉や野菜、バターや果物が山のように溢れていた。特にねぎやレタスなど、葉物野菜は品数も豊富だし、品質がいい割には値段も安い。モスクワではあまり見かけなかったが、キエフでは初冬になっても豊かに出回っていた。天井が高く、ガラス張りなので、晴れた日にはこの国の豊かさがまぶしくさえ感じられた。

また、軍需産業の層も厚い。技術があり、資本ストックがあるから、民需への転換に成功すれば急速な経済発展も期待できそうだ。地域別に見ると、東部のドンバス地方は、石炭・鉄鋼を中心とする旧ソ連で最も発達した重化学工業地帯のひとつだ。キエフやハリコフ(ハルキウ)周辺にはルスランやムリヤなど、貨物輸送用の軍用機や民間機を生産する航空機産業があり、また黒海沿岸では造船業が盛んで、ソ連時代を通じて多くの航空母艦や潜水艦がここで建造された。他方、西部のガリツィア地方の中心都市リヴォフ(リヴィウ)には、家電産業や人工衛星の部品を扱う精密機械工業が発達している。たとえば、カラーテレビ・メーカーとして名高い「エレクトロン社」は、日本の東芝から製造技術と設備を導入して競争力の高い製品を出荷する優良企業だ。

冬場でも明るく活気のあるベッサラフスキー市場

経済基盤の強さは統計にも現れていた。共和国統計委員会のアレンダリ副委員長の説明によれば、九〇年に旧ソ連の生産国民所得は対前年比マイナス四%を記録したが、ウクライナでは一・五%しか下がっていない。さらに、続く九一年一月から九月期には、旧ソ連が前年同期に比べて一三%も落ち込んだのに対して、ウクライナでは八%の落ち込みに抑えられた。

ウクライナの経済人たちは、西側の先進工業国と直接、経済関係を持ち、輸出を拡大したり、外資を導入したり、先端技術を受け入れたりしたいと望んでいる。ソ連の一員に留まっている限り、世界の情報はみなモスクワに集中してロシアに独占され、ウクライナにはそのおこぼれさえも回ってこないだろう。長い間、モスクワが西側との交渉ロビーだったので、キエフには外国語を話せる人がとても少ない。もしキエフの空港にヨーロッパや日本から直行便が入るようになり、西側諸国との情報交流が深まれば、ウクライナは急速に成長するに違いないというのである。

私は、この二回の訪問でいろいろな人々と会っているうちに独立に対する彼らの気概に心を打たれ、ソ連の一員であることを止めて独立国として再出発すれば、この国はきっと一五の構成共和国のうちで最も速い成長を遂げるに違いないという確信を持つようになった。

二度目の訪問の時、最後にもう一度、ヴォローシン教授に会った。帰国の前夜、西側資本が経営するレストラン「アポロ」で会食した。当時、モスクワと違ってキエフでは、ジョイントベンチャーのレストランはここ一軒しかなかった。ディナーには、スイスから派遣されていた政府のブレーンたちも同席した。席上、ヴォローシンさんから「キエフ大学へ人を派遣する希望があればいつでも喜んで受け入れたい」という申し入れがあった。だが、その時はまさかそれが半年後に現実のものになろうとは思ってもみなかったし、また日本から研究員を派遣することになったとしても、私が行くことになるとは限らなかった。私は、上司の傍らでほとんど他人事としてヴォローシンさんの話を聞き流した。

ソ連の消滅と激しさを増すナショナリズム

ところが、帰国後の一二月一日、ウクライナで独立を問う国民投票が実施され、九〇%を超える圧倒的な独立支持の結果が出た。そして、意外にもこれをロシアが承認した後、事態は思いがけない方向に出口を求めた。それから一週間後の八日、ロシアのエリツィン大統領はソ連のゴルバチョフ大統領が描いた主権国家連邦構想を携えてベラルーシ共和国ブレスト州のビスクリを訪れ、そこで同国最高会議のシュシケビッチ議長とウクライナのクラフチュク大統領との間で頂上会談に臨んだ。席上、クラフチュク大統領は独立への不退転の決意を表明し、これによってソ連解体が決定的となった。

来るべき時がきたと言うべきか。だが、ここで重要なのは、当時のソ連では、経済政策を純粋に経済的な見地のみからは判断しにくいことだった。各地でナショナリズムが激しさを増しているなかでは、各共和国の指導者はどうしても国民に対して迎合的な政策をとらざるを得ない。お互いの必要性を認め合うスラブ系の国家共同体同士の間でも事情は同じだ。しかも、ウクライナにとって、独立とはソ連からの独立であると同時にロシア自体からのそれでもあった。したがって、ウクライナが経済主権を確立するために自国通貨を導入することは避けられず、仮に旧ソ連の構成共和国間で経済同盟協定が合意されたとしても、それはこれまでの分業関係を維持するという程度の域を出ず、マクロ経済政策面での協調はとても望めないように私には思われた。

一方、通貨政策で一致できなければ、当面の相互貿易のための決済手段を欠くことになり、やがて旧ソ連の国々の経済は決定的な生産の低下と経済の疲弊に直面し、場合によっては共和国間の深刻な経済戦争に発展する可能性も大いにあり得た。それを回避するためには、共同決済機構プランにせよ、通貨同盟プランにせよ、なんらかの束ねる力が必要だ。旧ソ連の構成共和国は、どのようにしてこの問題を解決していくのだろうか。なんらかの中央機構を設けることになるのか、あるいはロシアの立場に他の共和国が同意するかたちでロシアのリーダーシップが形成されていくことになるのか。これに対してウクライナがどのように反応するのか。

いずれにせよ、旧ソ連国土の七五％と総人口の五〇％以上を占めるロシアが核となって新しい関係を結晶させていく勢いは避けられないだろう。また、世界の国々もそうした理解のもとにロシアが旧ソ連を継承していくことに対して承認を与えた、ということでもあっただろう。だが、かつて帝政下ではロシア人の植民政策やロシア語の強制、他民族への宗教的な迫害などによって膨大な陸続きの植民地を支配し、またソヴィエト政権下では強制集団化と大粛清によって巨大な多民族国家を統治してきたロシアが、大ロシア主義の悪霊にとりつかれることなくウクライナと協調し、旧ソ連の国々を束ねていくことができるかどうか、といった懸念もあった。

私は、銀行系のシンクタンクで働き、旧ソ連のマクロ経済調査を担当している。国際調査は、まず現地へ行ってみないことには始まらない。しかも、旧ソ連は経済統計が当てにならない世界である上に、国土が広く、地域によって経済発展の諸条件が大きく異なるため、土着型のフィールドワークが欠かせなかった。まして指令経済から市場経済へ移行するとなれば、なおさらのことだった。

とはいえ、ウクライナはロシア語の字義のとおり「辺境」である(単に「土地」または「国」を意味するという説もある)。実際、二度のウクライナへの出張時、ホテルであてがわれた部屋には粗末なシングルベッドと机とテレビが無造作に置いてあるだけで、実に寒々としていた。電球は切れたままだし、カーテンは丈も幅も足りない。窓の把手は固く錆びついており、力を込めて開けるとギギーと軋んで窓枠ごと外れてしまいそうだった。幸い、シャワーのお湯は出た。が、浴槽はない。トイレットペーパーは新聞紙よりも厚くて固いし、タオルは使い古した雑巾のようにゴワゴワだ。何もかもがソヴィエト時代のままで、とてもここで長く暮らしてみようという気にはなれなかった。

だが、ウクライナの通貨政策は、ソ連解体後の新しい旧ソ連経済と世界経済の流れを予告するはずだった。旧ソ連の構成共和国のなかで、自力で自国通貨を発行できそうなのはウクライナをおいて他にはないように思われたからである。ウクライナがルーブル通貨圏から離脱すれば、ソ連は経済圏としても解体し、世界経済という巨大な市場に溶け込んでいくだろうし、逆にそれに挫折すれば、ロシアのもとに内なるコメコンが形づくられる結果に終わるだろう。他方、ウクライナはいまやアメリカとロシアに次ぐ世界第三位の核保有国になったが、武装解除をどうするかという問題は未解決のまま残っていた。したがってそのような意味では、ウクライナの行方は、ひとりロシアと旧ソ連だけでなく、ヨーロッパ全体の将来を占う鍵であると言うこともできた。

ウクライナの現地調査へ　出発の決意

私は、ソ連解体後の経済の現実とその行方について、現地で調査してみたいと強く思うようになった。そのような折、明けて新年早々、ヴォローシンさんとリェザネンコさんから相次いで招待状が届いた。私は上司にウクライナ行きを願い出た。

勤務先の上司や同僚は、日本から直行便も飛んでいないような新興国に長期間、滞在することの苦労に同情し、「三カ月で帰ってきてもいいぞ」と冗談まじりに言ってくれたり、また情勢の不安定化を心配してくれたりもした。問題は、放射能汚染の影響と有事への対策だった。チェルノブイリ原発をめぐっては、その後も小さな事故のニュースが伝えられていた。だが、それについては正確な情報はつかめず、現地に問い合わせてみても、問題はないという通り一遍の言葉以上のものは得られなかった。他方、春先になると、ロシアとの間では黒海艦隊の帰属をめぐって早くも不協和音が生じ始めていた。日本大使館も開設されていなかったので、有事の時には西側諸国の大使館に駆け込もうということに決めた。

また、私には妻とふたりの子供がある。長女は三歳半で幼稚園に通い始めたところ、また長男は一歳の誕生日を過ぎたばかりで、わが家は子育てのさなかにあった。半年間とはいえ、私の留守中、妻の負担はたいへんなものだろう。また、幼い子供たちは私のことなどすっかり忘れてしまうに違いない。だが仕事柄、日本にいても平日は家庭にいないようなものだし、休日には原稿を書いていることも多い。考えてみれば、それほど変わりはなさそうだ。それに、何よりも私は調査がおもしろくてたまらなかった。

いよいよ出発の日が近づくと、妻はさすがに不安そうだった。トランクに旅の荷物を詰めながら、前の週末に豊島園遊園地で写した子供たちの写真を二枚選んで、お守りとともにそっと私に差し出した。「半年間なんてあっという間だよ」。条件が許せば夏休みに家族を呼び寄せることにして、妻を納得させた。九二年四月二七日、「行ってくるよ」と一言残して、私は見送る家族を後にしてウクライナへ出発した。

第1章

国民経済創造へ

――ゼロからの国づくり

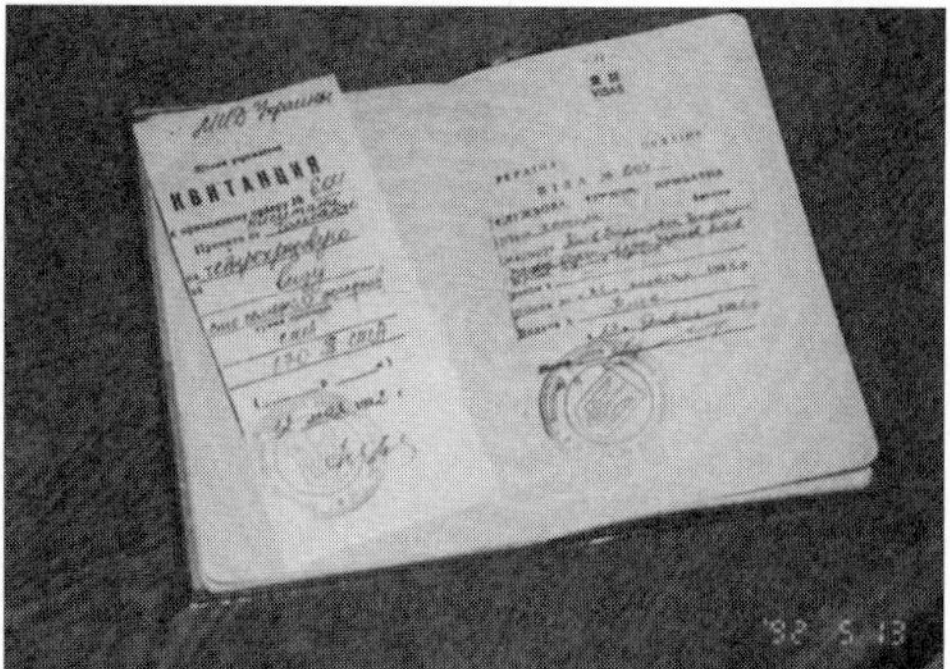

現地領事館(キエフ)で取得した入国ビザ，左はその領収証

一九九二年五月、いざキエフへ

ソ連解体後間もない、一九九二年五月一〇日、モスクワから寝台急行「ウクライナ号」に揺られること、およそ一三時間。朝がすっかり明けた頃、列車がドニエプル河に架かる長い鉄橋を渡ると、そこが首都キエフだった。国際鉄道のターミナル駅だというのに、入国審査はもちろん、税関もなければ改札もない。出迎えの人々の賑わい以外は、さながら地方都市の停車場の風情である。行き交う人々の流れに乗って、だだっ広いホームの一角から駅前広場の雑踏に出た。午前九時、のどかな日曜日の朝である。カシタン(マロニエ)の香りが街じゅうに立ち込め、若葉がまばゆかった。

国境を越えたという実感は、まったくなかった。途中、ロシア側の最後の停車場ミハイルスコエでも、ウクライナ領内に入って最初のコノトップ駅でも、パスポートやビザの提示を求められることはなかった。しかし、市内のルーシ・ホテルにチェックインした翌朝、さっそく領事部から呼び出された。ウクライナはもはやロシアではない。東京を出発する前、私はロシア大使館で旧ソ連への入国ビザを取得していた。だが、この国では無効なのだ。

領事館はどっしりとした重厚な建物で、市の中心部の一角にあった。外国へ行くための許可手続きを待つ市民たちで玄関先は朝から賑わっていたが、私が通された地下一階の事務室は閑散としていた。入国ビザは一回につき五〇ドル、何回分かをまとめて買うと割引になるという。お粗末な制度である。一七〇ドルを払って、五回分のマルチプルビザを取得した。

モスクワから「ウクライナ号」に乗ってキエフへ

日本人だとわかると、係官はにわかに相好を崩した。顔と身なりを珍しそうに上から下までゆっくり眺めてから、パスポートを開いて大きなスタンプを押してくれた。それが、ビザのフォーマットになった。滞在期間と訪問都市を聞かれたので、「一〇月末まで」と告げ、壁にかかった大きな地図を見ながら思いつくままに知っている都市名をすべて挙げると、係官はそれをていねいにボールペンで記入し、最後にサインをして、ウクライナの印章を押した。マルチプルビザであることは、領収証に記された。なんだか頼りない世界にきてしまった、という気分になる。

私をキエフに招待し、この日、領事館に案内し

威風堂々たる白亜の大統領府

てくれたのは、ウ日協会のリェザネンコ理事長である。リェザネンコさんは、ふだんは日本人と話す機会がほとんどないにもかかわらず、立派な日本語を話すことができるが、残念ながらヒヤリング能力に問題があった。これまでは生きた日本語を聞く機会がほとんどなかったのだから、それは当然だ。そのうえ、彼は社会主義者として五〇年以上も生きてきた。だから、行動の仕方が杓子定規で、考え方にも融通がきかない。その後、いろいろな場面で、こちらの意思を伝えるのにとても苦労することになる。

意外にも、ビザ手続きが終わると、そのまま最高会議の経済改革管理委員会に案内された。そこで、ピリプチュク委員長が私を待っているという。実は当初、私はキエフ大学の国際経済学部に客員研究員としてお世話になり、経済の現状と改革の見通しについて調査するつもりでいた。ところが、現地に着いてみると事情が違っていたのである。驚いたことに、委員会の一角に私のための執務室が用意されていた。

経済改革管理委員会は大統領府の五階にあった。キエフ市の中心街は典型的な共産党支配型にできている。大統領府と閣僚会議、最高会議の議事堂、中央銀行、旧ソ連有数の軍需工場「アルセナル」などが中心部の高台に集められ、大統領府は丘の先端から街全体を見下ろすようにそびえ立つ。つい数カ月前までは、ここにウクライナ共産党中央委員会が置かれ、二階にはシチェルビツキーがいたはずだ。シチェルビツキーと言えば、一九八九年に失脚するまで一七年間にわたり、共和国共産党の第一書記としてこの国に君臨してきた人物だ。現在、そこにはクラフチュク大統領の執務室がある。

ピリプチュク経済改革管理委員長との再会

ピリプチュクさんとは半年ぶりの再会である。委員長は白いあごひげをたくわえた西ウクライナ人で、独立派の急先鋒だ。彼は、相手が誰であろうと当然のことのようにウクライナ語を使う。経済を調査するのであれば、大学よりもこの委員会の方が条件がいい、という配慮からだったのだろう。執務室は見上げるばかりに天井が高く、大会議室のように広い贅沢な部屋だった。正面と背後の壁には、それぞれ二畳分ほどもありそうな世界地図とウクライナ地図が架かっていた。世界地図は独立前のもので、モスクワが真ん中にあり、右下の隅の方に日本が小さく描かれていた。むろん、国境線は「北方領土」の南だ。窓を開けると、眼下にキエフ市街が一望できた。

最高会議経済改革管理委員会　ピリプチュク委員長

逆説的に聞こえるかもしれないが、この国の経済改革はほとんど進んでいなかった。連邦消滅後の混乱のなかから、まず国民経済のかたちを取り戻さなければならなかったからである。ソ連時代の共和国政府は、モスクワの指導を受けて下請け作業をこなすだけの地方組織に過ぎなかった。そのため独立してみると、ロシアはモスクワが首都だから、旧ソ連の機構や制度を丸ごと引き継げばそれでよかったが、ピラミッドの頂点を失ったウクライナには、国民経済の主権を行使するためのノウハウや制度は何ひとつなく、改革すべきものさえ揃っていなかった。

要するに、ウクライナはソ連という巨大な体の一部だったので、独立すると頭がない。独立後の国づくりは、あたかもトカゲの切られた尻尾が自分で体を復元し、頭を生やすようなことをしなければならないということだった。つまり、中央銀行と銀行制度の整備、通貨の発行と管理、財政の確立、税金や関税、貿易とその制度の確立など、この国はすべてを学習から始め、国民経済をゼロから創造しなければならない。

こんなエピソードもある。九一年八月政変後、ただちにロシアからの独立を表明し、国民通貨の導入をいち早く決めたこの国の指導者が、通貨の発行と管理こそが経済主権の命であり、それゆえに印刷技術そのものが国家機密であるということすら知らずにいた。すぐにも新通貨を発行しそうな勇ましい発言を繰り返しながらも、カナダに発注した新しい通貨「フリブナ」がオデッサ港に陸揚げされるひと月ほど前になって、なぜか慌てて印刷設備のカタログを西側企業から取り寄せ、しかもそれを理解するために英語の学習を始めた、と聞かされた時にはさすがに返す言葉もなかった。ゼロから出発するとはそういうことだ。

外国語を話せる人材が足りない

大海を知らないナショナリストたちの悲喜劇として笑えない現実が、そこにはあった。こういうことは、ソ連の時代、この国がモスクワの陰に置かれて世界から隔絶され、自由主義経済の国々と直接、交流する機会すらなかなか持てなかったという事情を抜きにしては理解しにくい。国民経済の主権にかかわるソフトへの投資はそのほとんどがモスクワに集中し、周辺の共和国には行き渡らなかった。

逆に言えば、そのようにしてモスクワは巨大な多民族国家をひとつにまとめ、支配してきたということでもある。独立後、ウクライナ外務省は外国語を話せる人材が足りず、インツーリスト(ソ連国営外国旅行社)の観光ガイドを引き抜いて配置したそうだ。しかし、たとえ外国語ができるとはいえ、観光ガイドに外交官が務まるとはとても思えない。独立するとは、政治的にも経済的にも、この新しい国がはじめて独自に外国と接触するということだ。「しかたのない措置だ」と関係者は力なく弁解するが、挨拶の仕方ひとつで相手国に対する印象が決まり、新興国ウクライナへの評価が決まってしまうこともあろう。外交の世界といえども、所詮人の世だ。

着任して間もなく、日本から総合商社の重役がピリプチュク委員会を訪れた。ピリプチュクさんと言えば、過去に二度も首相候補のひとりに挙げられた有力な政治家で、いつかはこの国の顔になるかもしれないほどの重鎮である。その時、委員長がテーブルに肘を立て、渡された名刺を指先で弄びながらタバコをくゆらせた時には、私はいっしょに座っていて実に情けなく、また腹立たしく思い、後日、「これはたいへんな失礼にあたります」とたしなめたほどだ。そういうことが幾度もあった。私には、きっとこの国は些細な点で損をしているに違いないように思われ、また広い世界を知らないゆえにこそ、ウクライナの人々は案外、楽天的でお人好しなのかもしれないとも思った。

言葉に対するこだわり方にも問題があった。私を委員会に迎え入れた時もそうだったように、ピリプチュクさんをはじめ独立派の人々は、相手が誰だろうと当然のことのようにウクライナ語を使う。ところが、私には、それはロシア人に対する彼らの偏狭な自己主張としか思えなかった。要するに、彼らには対外関係としてロシアとの関係しか経験がなく、ロシアからの独立がこの国の独立のすべてだった。残念ながら、このようなナショナリズムの偏狭さが、いまや広い国際社会を見据えなければならないはずの彼らの視野を、とても狭いものにしてしまっているように思われた。

最高会議経済改革管理委員会の人々

キエフの五月は最高に美しい季節だ。まばゆいばかりの新緑とは、おそらくこういう景色のことを指して言うのだろう。私は、滞在先のルーシ・ホテルから大統領府までおよそ二〇分の道のりを、ほとんど毎日、歩いて通った。ホテルの玄関で白タクを拾うこともできたが、歩いても大した距離ではなかったし、何よりも新緑に包まれて石畳の坂道を行くことは気持がよかった。東京での毎朝の通勤ラッシュを思うと、夢のように贅沢なひと時だった。

着任した翌日から、私は月曜日から金曜日まで、特に予定がない限り、午前一〇時から昼食をはさんで午後三時頃までは執務室で過ごすことにし、そこでいろいろな人々と会ったり、資料や統計に目を通したりなどした。ピリプチュクさんが配慮してくれたとおり、経済改革管理委員会には、この国の経済を調査するための最高の条件が揃っていた。ウクライナ最高会議には、その他にも外交問題委員会をはじめ、常設の委員会がいくつかあった。これらは日本で言うと国会の委員会のようなもので、議員で構成され、法案や制度を検討し作成している。なかでもピリプチュク委員会は、金融、財政分野を中心に広く経済政策全般を担当しており、中央銀行であるウクライナ国立銀行とも緊密に連絡を取り合っていた。

経済改革管理委員会のもとには、国じゅうから多くの若い志士たちが参集していた。書記を務めるバラバシュさんは中部のチェルニゴフ州出身で、国営企業の経営者から議員になったニューリーダーのホープだ。委員会からウクライナ国立銀行に総裁代理として送り込まれていたマルコフ議員は、南部のヘルソン市の銀行マンだ。ラボシュリクさんはハリコフ市にある科学者同盟の研究員で、家族と離れてキエフに単身赴任していた。週明けになると、はるばる四〇〇㎞の道のりを夜行列車で出勤してきた。また、カメヌイさんは委員会に所属するコンサルタントで、以前は旧ソ連科学アカデミーの研究員だった。

カメヌイとは「石」の意味である。私を補佐してくれたカメヌイさんは、文字どおり、堅いまじめなエコノミストだった。月々の経済実績が報告される度にがっくりと肩を落とし、しかし黙々と机に向かって法案を作っていた。からだは熊のように大きかったが、丸顔につぶらな瞳をした、いかにも人のよさそうな人物だった。

他方、広報担当の若いイーゴリ君は、委員会きっての事情通でもあった。彼の話によると、カメヌイさんは私より三つも年上の四二歳で、しかも独身だというので驚いた。そう言えば、秘書のリュドミラ嬢が執務室に来る度に、急に目を細めていかにも照れくさそうにしていた。だが、ピリプチュクさんの消息については、クラフチュク大統領と同じ西ウクライナのロヴノ州の出身らしいというだけで、さすがのイーゴリ君にとっても謎の人物であった。

イーゴリ君はまた、委員会ではただひとり、パソコンを使うことができた。英文レターの作成や翻訳などに辞書と首っ引きでがんばっていたが、その辞書というのが年代物で当てにならなかった。英語の専門家が経済省にいたので、言い回しがわからなくなると電話で聞いてはキーボードを叩いていたが、たまにそのやりとりを傍らで聞いていると何とも心もとない限りであった。私も一度、インビテーションレターを作成してもらったことがあったが、公式文書というにはあまりに拙く、とてもそのままでは使えない代物だった。

日本からエコノミストが調査にきているという噂を聞きつけて、私のところには連日、財務省や経済省のスタッフ、国会議員や企業家、地方から陳情にやってきた州政府の役人や州議会の議員など、いろいろな人々が顔を出した。これは私には好都合で、執務室に居ながらにして各方面の人々に会うことができ、自然に人脈が拡がった。また、議会を通過した法案はすぐに手に入ったし、毎月、中旬過ぎには前月分の経済報告も回ってきた。

当てにならない旧ソ連の経済統計

もっとも、統計を読み解くのはパズルのようなものだった。ウクライナに限らず、旧ソ連諸国の経済統計は、まず当てにならないと考えた方がよい。特に生産動態は、冷戦時代には見てくれを取り繕うために数字が水増しされ、社会主義の成果ばかりが声高に宣伝された。そして、企業や組織の責任者の腕の見せどころは、貧弱ででたらめな実態をいかに立派に見せるかという一点にあった。

たとえば、穀物の収穫高は容器込みで量られた。つまり、穀物だけの重さより、その七%から一〇%ぐらい、いわば下駄を履いていた。また、国民ひとり当たりの食肉の消費量が、足や尻尾などを丸ごと含めて計算されていたというのも有名な話だ。ところが、逆にいまでは、生産者は税金を取られないように過少に中告しがちだ。その結果、成長率をとると、マイナスの大きさが実態以上に増幅される。それに、何よりもソ連の解体という未曽有の大混乱のなかで、統計が経済の実態を正しく描き出しているようにはとても思えなかった。

統計手法そのものにも問題があった。マクロ統計は西側で用いられているSNA

(System of National Accounts の略。国民経済計算の標準体系)方式ではなく、ＭＰＳ(Material Products System の略)方式といって、ソ連型指令経済のもとで使われてきた生産国民所得の考え方がベースになっている。ＭＰＳ方式は一般に物的生産体系と訳されるが、この方式ではモノを生産しない金融、医療、教育、理髪や娯楽などのサービス業は取るに足らない些事として無視されている。それは、ソ連の統計がマルクスの再生産方式にその理論的な根拠を置いていたからである。周知のように、資本論は冒頭から商品の分析で始まっており、商品以外のサービス業などについては分析の対象から除かれている。したがって、これが考慮されるだけで、ひとり当たり国民所得の評価も一変するに違いない。しかもいま、キエフの街角で、さまざまなニューサービスが雨後の竹の子のように次から次へと生まれている。このような大小の私企業の中身がどうであれ、その賑わいは適正に評価されていいはずだ。むろん、子供のカーウォッシングまで計算に入れる必要はないのだが。

他方、卸売価格や消費者物価の上昇率はあるにはあったが、それがどのように調査されたものか、条件付きでなければ利用できなかった。残念ながら、国際収支表もなかった。国際収支表は、マクロ経済の調査には欠かせない最も基本的な資料の一つだ。九一年にＩＭＦ(国際通貨基金)の指導を受けて作ろうとしたそうだが、まとめきれなかったらしい。

カメヌイさんにそれらの問題点を指摘すると、「ウクライナでは、ソ連時代の共和国統計委員会を統計省に格上げして経済の把握に力を注いでいるから、少なくとも国営企業の生産動向はしっかりと摑んでいるはずだ」と言って、いかにも不満そうだった。

たしかに、この国の経済統計は、月次、四半期、半期、年度ごとに統計省でまとめられ、特に生産動態をはじめ人口や労働力などについての情報は、州別、企業合同単位で内訳が載っており、産業や企業の混乱の実情を知るのには大いに重宝した。また、旧ソ連の各構成共和国との貿易は、四半期、半期、年度ごとに相手国別にまとめられており、ソ連型指令経済のもとでの産業連関の実態や、逆にソ連解体後の各構成諸国間の貿易の停滞ぶりを窺い知るうえで実に興味深かった。連邦解体と、ひと言で済ませることはたやすかろう。だが、連邦という名の産業連関が優れて緻密であったればこそ、それだけではとても言い尽くせない混乱の中身の深刻さと、いまこの国が直面する困難の奥行きを推し量ることができるように思われ、私はしばしば時間が過ぎるのも忘れて統計を追った。

だが奇妙なこともあった。ソ連時代のウクライナの貿易依存度を調べるために九〇年の統計をひもといたところ、肝心な石油や天然ガス、綿花などの数字がことごとく空白になっているではないか。これらの品目は、どれもみなウクライナが自給できず、消費量のほとんどをロシアやウズベキスタンなどからの輸入に依存しているものばかりである。しかも、ロシアから格安の奉仕価格で買っていたから、第三国へ売り流せばひと儲けできそうな品々だ。

「なぜだろうか」。カメヌイさんに意見を求めると、「政府の役人が、国が必要とする量よりも多く輸入し、その一部を横流しして儲けていたために本当の数字がわからないのだろう」と、首を横に振って憤懣やるかたなさそうに答えた。要するに、こういう連中がおり、それが空白として統計にはっきりと出てしまっている。これもまた、これから解決していかなければならない問題だ。カメヌイさんの言葉には、昨日までモスクワの庇護のもとに特権に浴してきた者たちへの苦々しい思いが込められていた。

むろん、国づくりに傾けるこれら若い志士たちのひたむきな魂は、新興国家ウクライナにとって無限の宝ではある。しかし、残念ながら、この国にはエコノミストがほとんどいない。法律や制度の概念をつくることはできても、経済分析に基づいて政策を立案するノウハウがない。まして目の前の問題を解決しながら中長期の経済再建プログラムをつくっていけるような器用さなどは望むべくもなく、現実にはロシア経済の悪影響をかわすことだけに汲々として振り回されているように思われた。

価格自由化への対応策として新クーポン導入

委員会では誰もが民営化の信奉者だった。「外国から投資を呼び込んで、まず民営化をスタートさせたい。そのうえで、通貨改革に着手すべきだ」。それが、ピリプチュク委員会としての基本的な考え方だった。委員長は外資の導入にたいへん熱心で、外国投資法の産みの親でもあった。また、ウクライナ最高会議は独立後、いち早く大企業と小企業の民営化法を採択してもいた。

しかし、九二年が明けると、ロシアがルーブルの安定化という目標を優先させ、ウクライナをはじめ、旧ソ連構成諸国の強い制止を押し切って価格の自由化に踏み切った。いわゆる「ショック療法」のスタートである。ロシアとしては、ひとつにはウクライナが自国通貨を準備する前にルーブルを安定させ、ルーブルを共通通貨とする統一的な経済空間の中で自らが主導するかたちで改革を進めたかったし、同時にロシア自身の経済をそれ以上の疲弊から救わねばならなかった。

ＩＭＦと先進資本主義諸国などが提唱し、ロシアが実行したショック療法は、まず価格と為替レートを自由化し、ルーブルが大幅に切り下がった後に固定化しようというものだった。これがうまくいき、ルーブルへの国民の信頼を取り戻すことができれば、インフレも落ち着く。それだけでなく、ルーブルの信認を前提にして、国民は安心してドルやマルクをルーブルに換えて国内で預金するようになり、外貨不足も解消する。また、経済がインフレ体質にならないよう早めに金融を引き締め、金利を引き上げれば、買いだめより預金の方が有利になり、かつての物不足は一変して物余りに向かうだろう。ただし不況になり、この過程で企業が倒産し、大量の失業が避けられない。ショック療法と呼ばれる所以もそこにある。ＩＭＦの処方箋は、簡単に言えばそういうことである。

だが、これが実行されると、超インフレ下のロシアにルーブルが吸収されて、ウクライナでは現金がますます不足してしまう。これでは、とても民営化どころではない。そこでウクライナ政府は、まず足りなくなった現金を補うために新しいクーポンを発行した。それによって九二年一月から、国民は給料の二五％をクーポンで、残りの七五％をルーブルで受け取ることになり、クーポンそのものがルーブルと同じように現金として使われることになった。国営商店のレジには「クーポン払い」と書かれた札が掲げられ、またデパートにはクーポン・コーナーが設けられ、食料品を中心に基礎的な消費財はクーポンでしか買えないことになった。迷路は、ここから始まったように思われる。

通常、クーポンとは不足する物資を割り当てるための配給切符のことを言い、一枚ずつ切り取って現金と併せて使う、というのが本来の姿だ。実際、すでに述べたように、ウクライナではソ連時代の九〇年一二月からそのような意味でのクーポンが導入され、ペレストロイカの末期には物不足の緩和と過剰流動性の排除に成功した。ところが、新しいクーポンはルーブルの不足を埋めるための、紛れもない現金として発行された。しかも、ロシアが価格自由化に踏み切ったことへの対抗措置として急遽、フランスから取り寄せて発行せざるを得なかった。「準備が間に合わなかった」。後日、ウクライナ国立銀行のシヴォルスキー第一副総裁は、この間の事情を無念の思いを込めて語ってくれた。

それは、カラーコピーにも似た、粗末な模造紙幣だった。表には、「ウクライナのクーポン、一カルボヴァーニェツ」と記されていた。つまり、まず第一に配給切符であり、同時に現金でもあるということだろうか、単位として「ルーブル」の文字はない。額面は一カルボヴァーニェツに始まって、三、五、一〇、二五、五〇、一〇〇カルボヴァーニェツまで、ルーブルに対応して七種類が発行されたが、同一図版に二色刷りで発券番号もなく、額面を示す数字と色が異なるだけの簡単なものだった。

カルボヴァーニェツとはウクライナ語でルーブル、つまり「切り刻まれた物」の意味である。実は、カルボヴァーニェツという言葉は、何もいまになってはじめて使われるようになったというわけではない。ソ連の一ルーブル札をよく見ると、〝ルーブル〟と記されたすぐ脇に、ルーブルが旧ソ連の各構成共和国の民族文字でそれぞれ小さく列記されており、それによって旧ソ連の統一通貨としてのルーブルの地位が象徴されている。むろん、それらの中にカルボヴァーニェツの文字もある。したがって、新しいクーポンにカルボヴァーニェツとのみ記されたということは、これはウクライナが発行し、ウクライナでしか使えないルーブルだという、独立を念頭に置いた国家意思の表明でもあったのだろう。

だが、奇妙な点がひとつあった。クーポンは九二年一月に導入されたはずなのに、発

УРСР КУПОН НА 1 крб. Серпень	УРСР КУПОН НА 1 крб. Серпень	УРСР КУПОН НА 1 крб. Серпень	УРСР КУПОН НА 1 крб. Серпень
УРСР КУПОН НА 1 крб. Серпень	УРСР КУПОН НА 1 крб. Серпень	УРСР КУПОН НА 1 крб.	УРСР КУПОН НА 1 крб. Серпень
УРСР КУПОН НА 1 крб. Серпень	УРСР КУПОН НА 1 крб. Серпень	УРСР КУПОН НА 1 крб. Серпень	УРСР КУПОН НА 1 крб. Серпень
УРСР КУПОН НА 25 крб. Серпень	УКРАЇНСЬКА РСР КАРТКА СПОЖИВАЧА на 200 карбованців — Серпень Назва установи ______ Прізвище ______ Керівник ______ Головний бухгалтер ______ м/п		УРСР КУПОН НА 50 крб. Серпень
УРСР КУПОН НА 25 крб. Серпень			УРСР КУПОН НА 25 крб. Серпень
УРСР КУПОН НА 3 крб. Серпень	УРСР КУПОН НА 3 крб. Серпень	УРСР КУПОН НА 5 крб. Серпень	УРСР КУПОН НА 10 крб. Серпень
УРСР КУПОН НА 3 крб. Серпень	УРСР КУПОН НА 3 крб. Серпень	УРСР КУПОН НА 5 крб. Серпень	УРСР КУПОН НА 10 крб. Серпень
УРСР КУПОН НА 3 крб. Серпень	УРСР КУПОН НА 3 крб. Серпень	УРСР КУПОН НА 5 крб. Серпень	УРСР КУПОН НА 10 крб. Серпень

90年12月に導入された本来のクーポン

行年度は九一年と記されているではないか。なぜか。むろん、誤植ではない。通貨当局は正しく九一年のうちに、この新しいクーポンを発行する計画で準備を進めていたのである。つまり、それはすでに九一年の半ば頃から始まっていたルーブル不足に対応して、ロシアへの物資の流出を防ぎ、共和国経済を守るために用意されたものだった。したがって、それがフランスに発注された時点では、ソ連の解体とそれに続くロシアの価格自由化という、通貨政策の前提条件をめぐる劇的な転換は考慮されておらず、現実にはロシアとの調整がつかないままにソ連の解体を迎え、導入のタイミングを失ったかたちになっていた。

とはいえ、ロシアが価格を自由化すれば、ウクライナもそれに追随せざるを得ない。さもなければ、国富がロシアに流出してしまう。商品が利潤を求めて高値の市場に流れていくのは、いわば経済の必然だ。したがってその意味では、ロシアの改革の後を追って一月中旬、ウクライナ政府が価格を大幅に自由化し、クーポンを発行するところまでは何とも止むを得ない措置であり、正しい選択でもあっただろう。

ところが、いざそれを発行しようという時に、その後に予想される超インフレに耐えられるだけの十分な額が中央銀行になかった。否、正確に言えば、そもそも予想される超インフレに対してクーポンがどれぐらい必要になるか、まったく予想がつかなかったと言うべきだろう。実は、この国がロシアの価格自由化に猛反発した理由のひとつもそ

上の2枚は92年1月にフランスから急遽取り寄せて発行された現金としてのクーポン．発行年度は91年と記され，発券番号もない．次の2枚はイギリスで印刷され，92年春に登場したクーポン．下はロシアの1ルーブル．枠内に，旧ソ連構成共和国の民族語でルーブルと列記されている

こにあった。

しかも、実際に使ってみると、クーポンそのものにも問題があることがわかった。たとえば、一カルボヴァーニェツと一〇〇カルボヴァーニェツは同じ茶系、また三カルボヴァーニェツと五〇カルボヴァーニェツは緑系で、それぞれ色調が似ていて判別がつきにくいという欠点があった。また、クーポンとはいえ、現金として使われる以上、簡単に偽造されるようではまずい。高額紙幣には相応の風格と偽造を防ぐための工夫を凝らすことも必要だ。通貨に対する認識が浅いとしか言いようがない。そこで、政府は一〇〇カルボヴァーニェツ以上の高額クーポンを、あらためて発注し直すことになった。私が着任した九二年五月には、このような曲折を経て新たにイギリスで印刷された一〇〇、二〇〇と五〇〇カルボヴァーニェツが流通していた。九〇年一二月に導入された初期のクーポンから数えると、いわば第三世代のクーポンだった。

ウクライナ単独では産業が成立しない

ウクライナ経済はたいへん難しい状況にあった。ここで、ウクライナの経済構造について簡単に概観しておこう。すでに述べたように、ウクライナは旧ソ連の一五共和国のうち、ロシアに次ぐ第二の大国である。産業は、豊かな石炭や鉄鉱石などの資源を活かして重工業を中心に発達している。たとえば、旧ソ連は世界第一位の鉄鋼生産国であっ

主要経済指標(実質)

(対前年同期成長率：%)

項　　目	90年	91年	92年		93年
			1〜6月	1〜12月	1〜5月
生産国民所得	−3.6	−11.2	−15.0	−14.0	—
鉱工業生産	−0.1	−4.8	−12.3	−9.0	−4.2
生産財	−2.2	−2.3	—	−9.0	—
消費財	5.0	−6.4	−17.6	−9.4	−10.3
農業総生産	−3.7	−16.0	—	−9.5	—
穀　物	−0.4	−24.2	—	13.8	—
畜産物	−1.6	−6.3	—	−21.6	−18.0
鉄道輸送量	−4.9	−12.6	−12.5	−13.3	−25.0
トラック輸送量	−8.1	−10.0	−22.9	−24.8	−36.0
小売取扱高	—	—	−29.4	−22.3	−14.4
サービス取扱高	—	—	−34.1	−22.0	−25.0
電力(10億kw/h)	298.5	278.6	127.0	252.6	—
成長率(%)	1.1	−6.7	−12.6	−9.3	—
石炭(100万t)	165.8	136.0	69.6	134.0	—
成長率(%)	−8.0	−18.0	−0.5	−1.5	−6.7
鉄鋼(100万t)	52.6	45.0	21.4	41.7	—
成長率(%)	−4.0	−14.4	−10.0	−7.0	—

出所：ウクライナ統計省『ウクライナ社会経済統計』(1991年，92年版)
ウクライナ統計省『統計要覧』(1992年上半期，92年，93年5月版)

注1：畜産物は集団，国営農場で生産された食肉，バター．

注2：鉄道輸送量は貨物のみで旅客は含まず．

注3：電力生産の32.5%が原子力で賄われ(92年上半期実績)，原子力への依存が高まっている．

主要輸入品目のロシアに対する依存率(1990年)

(単位：%)

品　目(単位)	全輸入(1)	消　費(2)	輸入依存率(3)	ロシアからの輸入(4)	ロシアへの依存率(5)
石油など(1,000 t)	—	65,600	92.0	60,300	92.0
ディゼル燃料	8,800	19,100	46.0	5,900	31.0
天然ガス(100万㎥)	—	139,400	80.0	95,500	69.0
無機肥料(1,000 t)	2,300	5,100	45.0	1,200	24.0
木材(1,000㎥)	7,600	16,400	46.0	7,600	46.0
角材	3,000	10,400	29.0	3,000	29.0
板材(1,000㎡)	40,400	67,100	60.0	28,800	43.0
トラックなど(台)	137,000	149,700	92.0	117,700	79.0
バスなど	7,600	10,200	75.0	4,700	46.0
乗用車	115,100	159,800	72.0	115,100	72.0
タイヤ(1,000個)	6,200	9,400	66.0	5,500	59.0
ベアリング(100万個)	140	180	78.0	110	61.0

出所：ウクライナ統計省資料より作成
注1：(3)=(1)/(2)×100　(5)=(4)/(2)×100
注2：石油などには濃縮ガス，トラックなどにはトレーラー，バスなどにはトロリーバスがそれぞれ含まれる．

たが、その三五%をウクライナが占めていた。また、鉄鋼を利用した機械工業も盛んで、ウクライナが生産するほとんどすべての機械工業分野で旧ソ連の三分の二のシェアを占めていた。ただし、その大半は軍需向けだ。

ところが、これらの機械産業は、スターリン時代以来、「規模の経済」を目的とする全ソ連的な分業の鎖によってしっかりとひとつに結ばれてきた。そして、企業はそれぞれ特定の部品や製品の製造工程に特化し、巨大な産業連関の一コマに組み入れられてそれを独占的に担ってきた。このようなシステムのもとで、ウクライナの工業は原材料や部品のおよそ七〇％をロシアをはじめ旧ソ連の他の構成共和国から購入し、見返りに製品を輸出するかたちで成り立っていた。

だが、これは見方を変えると、完成品としてのシェアは高くても、ウクライナだけでは産業として成立しないということでもあり、また市場の大半がロシアなので、ロシアからの注文が細ればやっていけないということでもある。冷戦が終わって軍需が細れば、機械も鉄鋼も売れなくなってしまう。

また、経済のアキレス腱は、石炭を除けば、石油や天然ガスなどエネルギー資源をほとんど持たないことだ。つまり、この国は日本と同様、エネルギー・ショックに脆い。しかも、エネルギー消費量の四〇％以上を旧ソ連の他の構成共和国、特にロシアに依存してきた。石油と天然ガスの消費量に対するロシアへの輸入依存率は、それぞれ九〇％、七〇％にものぼっていた。

ロシアのショック療法に激震するウクライナ経済

一方、独自の現金を持ったとはいえ、この国は依然、ルーブル通貨圏の国であった。経済的に言うと、支払い手段としての通貨は大きく現金通貨と預金通貨に分けられる。いまやウクライナは自由に発行できる現金を持ち、差し当たりルーブル不足から逃れる

1992年5月の卸売価格の上昇率

（単位：倍）

部　　門	対前月比	対前年12月比
全産業平均	1.21	18.8
電力エネルギー	2.4	21.7
燃料	1.0	83.1
金属製品	1.2	31.5
化学工業製品	1.3	18.2
石油化学工業製品	1.3	16.8
機械	1.2	14.1
木材・パルプ	1.2	11.3
建設資材	1.1	14.0
軽工業製品	1.1	6.2
食品	1.1	5.6

出所：ウクライナ統計省『統計要覧』(1992年5月版)

道を開くことはできたが、貿易為替の送金などに使われる預金通貨はルーブルのままであり、その発行と管理はモスクワのロシア中央銀行に独占されていた。しかも、預金通貨の方が現金通貨よりもはるかにボリュームが大きいために、経済に及ぼす影響も格段に大きい。

したがって、ロシアがショック療法に踏み切ると、ウクライナ経済は屋台骨から激しく揺れることになった。まずエネルギー価格が大幅に引き上げられたために、ウクライナでは工業部門の卸売価格が前年末に比べてなんと一五倍から二〇倍に急騰した。その上、ロシア政府が金融を引き締めたために、国営企業は厳しいルーブル不足に陥って原材料や部品を買えなくなり、生産は激減した。つまり、四月から、旧ソ連の各構成諸国の中央銀行はロシア中央銀行に特別のコルレス・アカウントを開くことになり、ロシアとの貿易決済はこのルーブル勘定の限度内でしかできなくなっていた。これによって、ロシアは旧ソ連の各構成諸国に対してもルーブルの供給を制限しようとした。これは正しくデフレ政策だ、と私は思った。

統計省がまとめた同年第一・四半期の経済速報には、総工業生産は前年同期に比べて一五％以上も減少したと報告されている。具体的に例を挙げよう。たとえば、年明け以後の五カ月間で見た場合、家電ではカラーテレビは三七％、電気ポットは三二％、洗濯機は二九％、冷蔵庫は一三％、それぞれ前年同期に比べて台数ベースで減少した。不況の凄まじさが窺い知れよう。多くの企業は借金を返せず、巨額の赤字を背負い込むことになった。放っておけば企業は潰れてしまうだろう。

また、激しいインフレによって物価は五倍近くに跳ね上がり、現金不足とも相まって、国営商店の

主要な家電製品の生産低下の実態
(92年1～5月，前年同期比)

テレビ	△517,000台（△32.7%）
内 カラーテレビ	△416,000台（△37.1%）
湯沸器	△48,400台（△31.6%）
洗濯機	△99,800台（△29.2%）
冷蔵庫	△50,500台（△13.2%）

出所：ウクライナ統計省『統計要覧』(1992年5月版)

主要な軽工業品の生産低下の実態
(92年1～5月，前年同期比)

メリヤス製品	△2,640万着（△20.5%）
子供服	△12億R（△23.1%）
絹織布	△3,740万㎡（△33.5%）
麻織布	△670万㎡（△19.2%）
靴	△1,090万足（△14.6%）
絨毯	△31万3,000㎡（△25.4%）

出所：ウクライナ統計省『統計要覧』(1992年5月版)

売上高は前年同期に比べて半減した。キエフ大学で教鞭をとっているリェザネンコさんも給料の未払いに泣いていた。「もう二カ月も給料は入っていませんよ。今日はやっと半月分が振り込まれたので、それを引き出して女房に渡します。しかし、店に行っても物価が高くて買える物はないので何にもなりませんが、……」と、実に情けなさそうだった。

着任して一週間が過ぎた頃、ウクライナ国立銀行からシヴォルスキーさんとマルコフさんのふたりが、私の執務室に顔を出した。「ルーブルの不足額は一月には三〇億ルーブルぐらいだったが、いまは多分五〇〇〇億ルーブルを超えているだろう。四月以降、ロシアからルーブルは全く入っていない」と、マルコフさんはウクライナ経済の置かれた苦境を訴えた。続いてシヴォルスキーさんが、「IMFの言うとおりにしていたら、経済は潰れてしまうだろう。ロシアが金融の引き締めを続けるのは誤りで、いまはマネタリズムではなく、ケインズ政策が必要な時だ。ロシアはマネーサプライを増やすことが必要だ。われわれは現在、引き締めと緩和を交互に繰り返して経済を調整している」と、中央銀行としての立場を説明した。

シヴォルスキーさんの名刺には博士と記されていた。私には、彼らの口からマネタリズムやらケインズやら、はたまたマネーサプライといったマクロ経済学の専門用語が飛び出したことがまず驚きであり、彼らがそれをどこで学び、どのように理解しているかは大いに疑問ではあったが、とにかく話のニュアンスは通っているように思えたのでふたりの意見に同意した。

激しいインフレで年間予算が組めず

シヴォルスキーさんの言うように、政府は、すでに春先頃から金融緩和に乗り出していた。そもそもロシアとウクライナでは、経済再建へのアプローチが違っていた。ロシアがひとつのルーブル通貨圏を守るために旧ソ連全域を対象にしてショック療法に踏み切り、金融を力づくで引き締めようとしたのに対して、ウクライナは民営化を経済再建の柱に据え、インフレを抑えることよりも企業を潰さないことを優先した。実際、ロシアが実施した緊縮政策は力づくとも思えた。あるいは、それゆえにショック療法というべきか。五月初旬、私は東京からキエフへ向かう途中で一週間ほどモスクワに立ち寄ったが、ウクライナばかりでなく、ロシアの各地でも給料の未払いが頻発していた。ロシア政府が、賃上げを認めながらも通貨の発行を増やさなかったためだ。

だが、金融の緩和は、ウクライナでは財政の歯止めが取り払われたことと背中合わせでもあった。赤字企業やコルホーズなどに対する補助金や低利の融資が堰《せき》を切ったように流れ始め、これらの金額は、年明け後の半年間で一六倍にも膨らんだ。

しかも、銀行システムが整備されないままに財政が発動されたために、通貨当局はマ

コルホーズ市場の取扱高と価格動向（1992年）

（単位：%，前年同期比）

品　目	取扱高の増減幅		価格上昇率	
	5月	1〜5月	5月	1〜5月
総平均	△13	△4	677	689
農作物	△15	△8	702	686
じゃがいも	△20	△21	630	662
きゃべつ	△44	△23	1,120	955
にんじん	△25	△18	793	717
だいこん	△22	△14	786	794
畜産物	△12	4	694	744
牛肉	44	68	638	693
牛乳	15	13	618	659
バター	30	29	677	743
卵	△5	31	654	607

出所：ウクライナ統計省『統計要覧』(1992年5月版)
注1：ウクライナ国内53カ所平均.

ネーサプライに対するコントロールを失う羽目に陥った。ピアタチェンコ財務大臣の説明によれば、政府は均衡財政を目指そうとしたが、どだい無理なことだったらしい。価格が自由化されて激しいインフレになったために年間予算を作ることができず、一カ月、四半期ベースで次々に融資がおこなわれ、その度に財政赤字が累積されていた。

　こうなると、国内のインフレ圧力はいっそう高まることになる。春先に一旦は落ちつくかに見えた消費者物価は再び上昇し始め、五月の月間上昇率は一四%になった。

　クーポン・レートも下落した。私は週に一度、ホテルの商業銀行で手元のドルを両替することにしていた。五月の上旬、キエフに着いてはじめて両替した時には一ドル・一〇〇クーポンだったが、末頃には一五〇クーポンになり、二〇ドルも両替すれば、クーポンが分厚い束になって返ってきた。ルーブルはまばらでほとんどがクーポンであり、クーポンの大量放出が始まった様子が窺い知れた。

ちぐはぐな輸出入政策

一方、貿易政策では、政府は物を国外に出さないことを関税制度の柱にしていた。フランクフルトから、日本の総合商社の営業マンが市場調査にやって来たので、ポグレブニャクさんを紹介した。ポグレブニャクさんは、経済省で貿易政策を担当する若いスタッフだ。「貴国はいったい何を輸出して外貨を稼ぐおつもりか」と、商社マンが質問したところ、答えが返ってこない。それどころか、そもそも質問の意味がわからない、という顔をしているではないか。商社マンの方も、どうも腑に落ちないといった様子で首をかしげている。だが、それもそのはずだった。この国は、富を囲い込むことを旨としていたのである。

私たちの常識では、新興国が経済発展するためには、まず輸入をできるだけ抑えて輸出を促進し、資本を蓄積して投資に回していくことが定石だ。ところが、ウクライナでは逆だった。そもそも九〇年一二月に最初のクーポンを導入した時の狙いがそうだったように、この国にとっては物を外に出すことではなく、外に出ないように防ぐことが焦眉の課題だったのである。

つまり、ウクライナには輸入制限はないに等しかった。完成品には手数料だけで輸入関税はかからなかった。だが輸出では、たとえば国内メーカーがカラーテレビを輸出すると三五%の関税がかけられた。「このような制度は、ウクライナから商品が出ていかないようにするために、物不足だから輸入を増やすためにとられている。いまはクーポンが安く評価されているから輸出ドライブがかかっている。それを防ぐために輸出税をかけ、輸入税をゼロにしている。農産物でも小麦の輸出は禁止されている」。ポグレブニャクさんは淡々と述べるのである。

しかも、いくつかの品目については、輸出税率がロシアのそれよりも低く設定されているところがミソだった。「そうしておけば、ロシア企業はロシアからではなく、密かにウクライナを経由して輸出するだろう。ロシア企業は高い輸出関税から逃れられるし、ウクライナとしても儲かる」。こう説明しながら、ポグレブニャクさんはニヤリと悪戯っぽく笑った。

つまり、早い話が、ウクライナ政府が税金逃れのためのトンネル役を買って出て、手数料のおこぼれに与《あずか》ろうというわけだ。私は、貿易統計に謎の空欄があったことを思い出した。昨日まで党官僚がモスクワと示し合わせてこっそり儲けていた顰《ひそ》みにならって、今度はそれを独立国の戦術として使わせていただこうということか。どうやら、この国はロシアへの甘えから抜けきれていないらしい。だが、そんなやり方をロシアがいつまでも放置するはずはなく、やがて対抗措置が採られるだろうとは思ったが、若い志士たちのしたたかな(?)知恵にも脱帽した。

クーポン政策の罠

他方、クーポンは国民経済を混乱から守るはずだったが、街には、政府が予期しなかった変化と戸惑いが生じ始めていた。まず、アゼルバイジャンやアルメニアなど、自由市場には付き物の陽に灼けた顔の商人たちが、キエフの街から少しずつ姿を消した。私がはじめてキエフを訪れた九一年の秋には、ひと目でそれとわかるこれら異国の商人たちが、干しぶどうやりんごを賑やかに売り捌《さば》いていたものだが、その頃と比べると、すっかりその数が減った。自由市場にはコーカサス産の果物に代わって、西ウクライナのザカルパチア産のそれが並んでいた。

クーポンが、彼らを締め出してしまったようだった。クーポンは紛れもない現金なのだが、それはウクライナだけでしか使えず、他の共和国ではお金として認めてもらえない。したがって、アルメニアやアゼルバイジャンからきた商人たちは、稼いだクーポンをどこかでルーブルに換えなければ国へ帰れない。やがて、これらコーカサス系の商人たちはこの街から姿を消した。イーゴリ君は、「サリー市長の政策だ。彼らはマフィアだから、いなくなった方がいいよ」と解説したが、そういう次元の問題ではなく、クーポンがもたらした純粋に経済の問題だった。アルメニアのぶどうはどこへ持っていっても売れるが、クーポンはこの国を一歩出れば、ただの紙切れでしかない。当然の帰結だった。

それればかりではない。皮肉にも、国民経済を守るはずのクーポンのために、当の国民自身がクーポン経済に囲い込まれ、クーポンの人質になってしまった。この国には、人口の二〇%を超す一一〇〇万人のロシア人が暮らす。また逆に、ロシアには五〇〇万人のウクライナ人がいる。この人々はモスクワの親戚を訪ねたくても、事前にどこかでルーブルに換えなければ帰りの切符が買えなくなった。モスクワから出発する飛行機や鉄道の切符は、モスクワでなければ買えなくなっていた。

フリシャーチク通りに面する中央デパート「ツム」の前では、ありふれた普通の市民があちこちで両替レートの書かれた札を首から下げて立っていた。これには警察官も見て見ぬふりをし、いわば青空の下での草の根の両替商だった。ルーブルとの交換レートは公式的には一対一のままだったが、実勢ではクーポンがルーブルに対して二割ぐらいは下がっていた。

出口の見えない通貨政策

五月も末になった。執務室には、最高会議の様子を実況中継するラジオがあった。フ

金融財政指標

（単位：10億カルボヴァーニェツ）

項目	92年			93年	
	1〜3月	1〜6月	1〜12月	1〜3月	(1〜12月)
歳入	53	301	990	968	4,632
歳出	61	343	1,505	1,288	5,616
財政赤字額	8	42	515	320	984

出所：ウクライナ財務省，統計省資料
注1：92年の生産国民所得に対する財政赤字比率＝約12%（ただし，実際には財政赤字比率が30%近くに達したという見方が有力）．

ォーキン首相が農業へ巨額の補助金を与えたことを取り上げて、バラバシュさんが激しい口調で追及していた。それを聞きながら、「これではインフレが収まらない。絶望的だ」と、カメヌイさんは悲鳴を上げた。

数日来、彼は難問を抱えていた。クーポンの発行を、いったいどれほどのスピードで増やしていけばよいか。カメヌイさんは慣れた手つきでメモ用紙にX軸とY軸を書き、X軸に月を取り、Y軸に生産高を取った。そして、「かつては生産はすべてソ連政府によって発注され、ゴスプラン（ソ連国家計画委員会）が企業別、品目別に国内の全生産を管理していたので、中央銀行は月々の生産実績に合わせてルーブルを発行していけばよかった」と言いながら、X軸に平行線を引いてマネーサプライの管理が容易だったことを示し、Σ《シグマ》に始まる数式を書いた。「だが、いまは生産は企業の判断に委ねられているために変動が大きくて予測が難しい。しかも、インフレ率を考慮しながら通貨の供給量を算定しなければならない。あなた方には当たり前のことかもしれないが、われわれにとってはたいへん厄介な問題なのだ」と、真剣な顔で語った。私は通貨の発行高の算定について詳しくは知らなかったのでコメントを差し控えた。むろん、政府や中央銀行にもエコノミストがいたが、カメヌイさんが言うように、激しいインフレ下の不況に対してマネーサプライをどのようにコントロールし、金融政策の舵取りをおこなっていけばよいかという問題は、新興国ウクライナに突き付けられた厳しい課題だった。

イギリスで印刷された一〇〇カルボヴァーニェツ以上の高額クーポンは、図柄が一新され、古代ウクライナの伝説上の三兄弟、キイ、シチェク、ホリーフとその妹が美しく描かれていた。小舟に乗った四人の若者たちが、いままさに大海に漕ぎ出さんとしている。これには発券番号も入っていた。しかし、新通貨「フリブナ」へつなぐ独立への通貨政策は、出口を見失いつつあるように見えた。

第2章 金融のない世界

ウクライナ国立銀行

ロシアに対する不信感

六月。すでに新通貨「フリブナ」はカナダで印刷に入っており、年内にも発行される計画になっていた。また、その準備として、秋には現金以外の通貨もクーポン、つまりカルボヴァーニェツに切り換えられることになっていた。そうすれば、この国はいよいよルーブルを離れ、独自の通貨を持つことになる。だが、時期についてはマルコフさんに聞いてみてもはっきりしなかった。当初、フォーキン首相は五月にもフリブナを導入したいと表明していた。それを思うと、すでに相当遅れていた。通貨確立への道のりは、やはり険しく、遠かったということであろうか。

国境付近には、行き場を失った貨物がうずたかく積まれていた。ウクライナには、南で黒海に面するオデッサ港と、西の国境でハンガリーと接するチョップの二カ所に旧ソ連の主要な税関がある。オデッサで陸揚げされる貨物の七〇%、チョップから陸路、流入する貨物の八〇%はロシア向けだ。ところが、ロシアとの間で輸送料の支払いが滞っていたうえ、ロシアとの国境における税関の設置そのものについても合意ができていなかったために領内を横切る物流が麻痺した。そのため、これらの税関にはロシア向けの膨大な貨物が溜まることになった。

独立広場では，連日のようにナショナリストたちの集会が

それに対して、東のロシア国境では、逆にウクライナへの輸入貨物が入ってこないという問題が生じていた。科学者同盟のラボシュリクさんの報告によると、東部では次のようなトラブルが発生していた。「ウクライナがロシアから物を買おうとする時、国境まで持ってくるだけで、ロシア側で売り払ってしまう。先日、ウクライナの企業が韓国からブラウン管を輸入したのだが、ロシア経由で運んだら国境で輸送を停止して、ロシア領内で売り払われてしまった」

早速、私はこの話を韓国の巨大財閥グループのひとつである三星カンパニーのホング所長に確認した。同社は、ルーシ・ホテルの私の宿舎と同じ階に、部屋ひとつをはさんで事務所を構えていた。ホングさんも困り果てていた。「そのとおりだ。ゴルバチョフに対して韓国政府が三〇億ドルのローンを約束したので、われわれはその資金に期待して商談を進めたのだが、突然、ソ連が解体して返済の目途が立たなくなった。おまけにウクライナにはローンが回らなくなったので、また一から商談のやり直しだ。まったく困ったものだ」と、巻き舌の英語でまくし立てた。

他方、独立広場では、連日、ナショナリストたちの小さな集会がそこここで開かれていた。長きにわたり、ウクライナは旧ソ連の食糧倉庫だった。「砂糖は旧ソ連の六〇%、ひまわり油は四〇%を生産し、ロシアに供出してきた。これだけの豊かさがあれば、経済的にも十分に独立できる。したがって、ロシアとはこの際、きっぱりと縁を切るべきだ」。例によってウクライナ語だったので、よくは聴き取れなかったが、どうやらそのような趣旨らしかった。もちろん、この国の豊かさを説明する事例はほかにもいくつか挙げられた。集会に参加しているナショナリストたちは、ロシアから離れれば生活がもっとよくなるに違いないと固く信じているようだった。

「ウクライナ語でやりましょう」

キエフで暮らし始めておよそ一カ月が過ぎた頃、勤務先の竹内さんが団長になり、東京から日本企業の代表団を案内してモスクワ経由でウクライナを訪れた。この時、ちょっとしたハプニングがあった。

ウクライナには日本語の上手な通訳がいなかったので、ロシア科学アカデミーの研究員であるウラソフさんにそれを依頼し、モスクワから同行してもらった。彼は日本語がたいへんうまいロシア人だ。

ところが、最初の訪問先のウクライナ国立銀行で会見を始めようとした矢先、なぜか、その場に居合わせたウ日協会のリェザネンコ理事長が、「ロシア人のエコノミストが通訳したのでは、議論の中身がロシア政府に筒抜けになってしまう。この場は是非、ウクライナ語でやりましょう」と、シヴォルスキーさんに険しい口調のウクライナ語で忠告するのである。悪いことに、これにマルコフさんも同調し、「これでは重要な話はできない」と言って横を向いてしまうではないか。

そこで、私たちはウラソフさんがそういう人ではないことを強調して会談をロシア語で進めてもらえるよう要請し、あらためてウラソフさんに通訳を頼んだ。さもなければ、通訳がいない。ところが、このやりとりを通訳するのもまたウラソフさんご当人なのである。私は、ウラソフさんには本当に気の毒なことをしてしまったと思うと同時に、両国の関係がむずかしくなっていることをあらためて実感した。

リェザネンコさんには申し訳なかったが、次の会談からは同席を遠慮してもらうことにし、また会談に先立って、ロシア語で進めることができるよう相手に了解を得ることにした。事情を説明すると、みなふたつ返事で快諾してくれた。

どうやら、ウクライナ国立銀行でのハプニングは、リェザネンコさんが自分の顔を潰されたことに腹を立てて横槍を入れた、ということらしかった。たしかにウクライナ語で進めれば、リェザネンコさんに出番が回ったはずだ。だが、彼は日本語を話すことはできても、聴き取ることができなかった。したがって、公式的な会談の通訳はとても任せられず、またそんなことをすれば、せっかくの大切な議論が空回りして、双方のメンバーに迷惑をかける結果になることは目に見えていた。

実は、私には、彼がウクライナ国立銀行で待っていたことも意外だった。代表団の受け入れと訪問先の日程は、すべてピリプチュク委員長の協力を得て私自身がアレンジしたのであって、リェザネンコさんに相談したことは一度もなかった。後になってわかったことだが、代表団の日程は、彼が私の補佐役をしていたカメヌイさんから聞き出したものらしい。

ウクライナ国立銀行

この国では、外国との交流は利権につながった。ウ日協会としては、何とかして日本との交流のイニシアチブを取りたいという思いがあったのだろう。そもそも私がウクライナ最高会議の経済改革管理委員会にお世話になることになったのも、リェザネンコさんが私をピリプチュク委員長に紹介することによって、議会とのパイプを持つきっかけにしたかった、そして、それにキエフ大学でリェザネンコさんと同僚であるヴォローシン教授も同意した、ということらしかった。

他方、外国との交流でひと旗揚げようと狙うグループは他にもあった。たとえば、対外経済関係貿易省のもとに設置されていた対外経済活動発展基金という組織もそうだった。私が接触を図ろうとして代表者を執務室に呼んだのを知ると、リェザネンコさんはすぐに電話をかけてきて、「彼は内務省筋の人間だからあまり近づかない方がいい」と、不機嫌そうに言った。英語のうまい紳士だった。リェザネンコさんのこの指摘が本当だったかどうかは知る術もないが、後日、その基金はドルを不法に所持していたことが発覚し、私が会った代表者は逮捕された。

社会が変わり、価値観が変わり、すべてが大きく変わろうとしていた。そのような中では、人は誰しも純粋なままでいることはできないだろう。かつては共産党体制のもとで冷遇され、いまや政治の表舞台で活躍することになった独立派のナショナリストたちも、片や旧体制の影を引き、やがては一掃されるかもしれない運命にあった共産党員や行政官僚たちも、みな懸命に生き残りの方策を模索しているに違いなく、おそらく底流にはどろどろとした駆け引きとさまざまな争いがあり、それらが絡み合って社会の混沌を織り成しているのだろう。

キエフにいる間、私は月に一度ぐらいは何らかの用事でモスクワへ行かなければならなかった。ピリプチュクさんには事前にそれを報告することにしていたのだが、ある時、「君はなぜ、モスクワへばかり行くのかね。モスクワはそれほど住み心地がいいのかね」と、皮肉を込めて言う。私はどきりとした。

ピリプチュクさんはとても猜疑心の強い人だった。一度、外国から訪れた代表団に向かって、「あなた方はロシア中心に考えているから、どうせいつかはわれわれを裏切るのだろう」と、大胆にも淡々と述べたことがあった。むろん、悪気があってのことではなかったのだろうが、言われた方は度肝を抜かれて唖然とするばかりだった。あるいは、ピリプチュクさんのような西ウクライナのロヴノ州生まれの政治家にとっては、社会がいつまた逆戻りするかもしれないという不安が常にあり、私のようなよそ者はそもそも気を許してはならない危ない存在だったということかもしれなかった。

ロシアは金融引き締め、ウクライナは金融緩和

一方、この間、ウクライナの金融緩和はロシアを大いに困惑させていた。年明け以来、ロシア政府はＩＭＦの支援条件を満たすことを経済政策の最大のテーマにして統一ショック療法に踏み切り、金融を厳しく引き締めてきた。だが、現実にはロシアの与り知ら

ないところでルーブルのたれ流しが始まっていた。ウクライナ国立銀行が金融緩和と並行して、ロシア中央銀行に内緒で自国企業にルーブル・クレジットを与え始めていたのである。具体的に言うと、ロシアが印刷機を独占してルーブルの発行を制限したのに対して、ウクライナ国立銀行はロシア中央銀行との間で交わしたコルレス契約の枠に関わりなく国営企業に小切手を振り出させ、国内の産業流通だけでなく、ロシアからの輸入代金の支払いにも当てさせた。そして、それをウクライナ国立銀行が信用保証することによって企業を救おうとした。

むろん、これはウクライナのフライングだ。だが、これをロシア中央銀行が無効と見なして受領を拒んだことから国家間の信用が一気に崩れ、両国の経済戦争はいっそう険しくなった。

六月に入ってすぐ、ロシア中央銀行は前払いでロシアの銀行にルーブルを振り込まないと物を出さないことに決め、その旨を旧ソ連各構成諸国の中央銀行に通告した。他方、ウクライナ国立銀行もこれに対抗して、ロシアがウクライナの銀行にお金を入れないと物を出さないようにしたので、貿易がスムーズに進まなくなった。これでは信用、つまり資金融通のない世界で商売をするようなものである。

経済の営みにおいては、企業や個人は物やサービスを売ってお金に換え、今度はそのお金で物やサービスを買うわけだが、これが同時に起こるとは限らず、その時々でお金

リヴォフのオートバイ工場「LAZ」に見る分業構造

分類	部　品	共和国	州・市
エンジン部品	エンジン	ロシア・リトアニア	モスクワなど
	燃料ポンプ	リトアニア	—
	燃料フィルター	ロシア	モスクワ
電装部品	スターター	ロシア	ベルゴロド
	プラグ	ロシア	ウラジミル
	速度計	ロシア	ウラジミルなど
	ウィンカー	ロシア	チュメニ
	変圧器	ベラルーシ	ミンスク
	整流安定器	ウクライナ	ヘルソン
	ヘッドライト	ウクライナ	ヴィンニツァ
駆動部品	連接棒	ロシア	クイビシェフ
	前輪軸	ロシア	ブリャンスク
	タイヤ	ロシア	サンクトペテルブルク
	ベアリング	ロシア	トムスク
	後輪軸	ウクライナ	ハリコフ
	ブレーキ	ベラルーシ	ミンスクなど
	ジョイント	ベラルーシ	ミンスク
	弾力シャフト	ラトビア	—
	チェーン	ラトビア	—
車体部品	塩化ビニール	ロシア	モスクワなど
	ミラー	ウクライナ	ハリコフなど
	ワイヤ	ウクライナ	ハリコフなど
	ハンドル	ウクライナ	チェルノポリ
	ワイヤカバー	モルドヴァ	—
用　　品	薬箱	ロシア	サンクトペテルブルク

出所：LAZ 資料(主なもののみを抜粋)
注 1：40 品目中，共和国内から調達するのは 11 品目のみ．

が余っている人と足りない人がいる。両者の間でお金の貸借、つまり資金融通が生じることになる。資金融通は、貸したお金が戻ってくることを前提にしており、そのために信用が供与されたともいう。したがって、資金融通がないと、物やサービスの売買は現金払いのみになり、経済活動は急速に細ってしまう。

企業は資金不足と原材料不足に喘いでいた。東京からの代表団を見送った後、私は西ウクライナ最大の工業都市リヴォフへ出かけ、オートバイ工場「ラズ」(LAZ)を訪れた。ピリプチュクさんはさすがに西部出身の実力者だけあって、リヴォフに来ると実に人気があった。私が、「経済改革管理委員会の協力を得て、ウクライナ経済を調査している」と訪問の趣旨を説明すると、工場長のダビジャクさんはとても快く応じてくれた。

この工場では、主要四〇部品のうち、ウクライナ国内で調達できるのはわずか一一部品に過ぎず、残りはロシアをはじめ旧ソ連の他の構成諸国から輸入している。たとえば、エンジンをはじめ主要な電装部品の大半はモスクワを中心に広くロシアの各地から、タイヤは同じロシアのサンクトペテルブルクから、ブレーキや変圧器はベラルーシのミンスクから、またエンジン部品や駆動部品の一部は、ウクライナよりも一足早くソ連から独立したバルト三国からそれぞれ購入するといった具合だ。

ところが、キャッシュ・フローが滞り、肝心のエンジンをロシアから買えなくなった。エンジンは一九九一年末には一台当たり六六ルーブルだったが、それから半年間でなんと八五倍にも跳ね上がり、五六〇〇ルーブルになった。しかし、生産が独占されていては仕入れ先を変えるわけにもいかず、操業を停止しない限り、買わざるを得ない。そこで、「ラズ」ではオートバイの出荷価格を二二〇ルーブルから一万二〇〇〇ルーブルに引き上げた。だが、オートバイ一台が当時のウクライナ国民の平均月給の四、五倍もするというのでは、高くてとても買い手は付かない。

工場の片隅には、エンジンやタイヤのない骨組みだけのオートバイが空しく山積みされていた。二年前には、日本から生産ラインを買い込んで新工場を建てる計画もあったと言われるほどの有力企業だが、いまは見る影もない。稼働率は三〇%まで落ち込み、一日二交代だった工場が、昼間だけの操業で週休三日制になった。活気を失った工場のそこここで、労働者は使う当てのない鉄板で土木工事用の一輪車やコンクリート・ミキサー向けの容器を作って収入の足しにしていた。

ソ連解体後、決済システムは麻痺

企業が金詰まりになったのは、単一銀行制度に基づく支払い決済システムが麻痺したためでもある。旧ソ連は、モスクワのゴスバンク(ソ連国立銀行)を頂点とする単一銀行制度をとっていた。そして、ゴスバンクのコンピューターに全企業の預金情報がインプットされ、物の移動にともなう決済は、口座間の振り替え操作のかたちをとって集中的に処理された。ところが、連邦が否定されてゴスバンクが消滅し、この決済システムが無効になった。

他方、独立後、ウクライナではゴスバンクの旧共和国支店がウクライナ国立銀行と名前を変えて中央銀行になり、その指導のもとに旧国営銀行系の商業銀行が営業することになった。だが、それまでの集中決済システムに取って代わる新しいシステムと、それを可能にするための銀行制度は育っていない。むろん、コンピューターを使ったオンライン・システムもなく、銀行はコントロール・タワーを失って離れ離れになってしまった。

ピリプチュク委員会では、毎週月曜日の午前中に定例ミーティングが開かれ、これには私も出席した。六月中旬、奇妙な現象が発覚した。上半期の経済見通しが報告された席上、マルコフさんが中央銀行のバランス・シートと併せて、「ウクライナの銀行システム」と称する一枚の資料について説明した。どうやら、それは商業銀行全体のバランス・シートらしい。ところが、それによると商業銀行全体のバランス・シートの総額は、六月末時点でおよそ二兆七〇〇〇億カルボヴァーニェツに達する見通しであったが、そのうち約一六%に当たる四三〇〇億カルボヴァーニェツが行方不明になっているではないか。これは一体どういうことか。実は、この謎を解く鍵は、企業間の決済手続きの実態にあった。

ウクライナの銀行システム

(単位：100万カルボヴァーニェツ)

資　　産		負債および資本	
資金	98,256	資本金	16,705
現金	359	その他の基金	16,829
クーポン	7,167		
外貨	6,172	外貨勘定	8,314
財政支出	355,718		
企業，組織，国民への貸付	669,107	企業，組織，国民の預金	856,752
商業銀行への貸付	951,387	商業銀行の預金	784,831
固定資産	5,554	その他の銀行の預金	262,852
国家の対内債務	370,867	商業銀行の法定準備	46,031
その他の資産	63,661	清算収入	429,609
貸付財源調整基金引当金	44,819	利益	27,513
長期貸出	107,911	長期貸出原資	127,092
紙幣購入	1,623	紙幣を購入するために企業から入る収入	24
利益による返済金	17,814	その他の負債	116,337
合　計	2,692,889		2,692,889

出所：ウクライナ国立銀行資料(数字は原データのまま)
注1：1992年7月1日時点.

なんと連邦消滅後、ウクライナでは決済書類を郵送していた。つまり、日本では情報化のかまびすしいご時世に、この国では毎月、数百万通の納品書や請求書が、貨車に揺られて企業と銀行の間を往復していたのである。当然、処理が済むまでには時間もかかるし、郵送の途中で紛失したり、郵便局員の手違いで送り先を間違えることもあるだろう。銀行の担当者がうっかりして処理を怠れば、書類の山に埋もれて半永久的に葬り去られてしまうこともあるだろう。

その結果、バランス・シートの総額見通しの一六%にも当たる巨額の資金が、未決済状態のまま二、三カ月も遅れてから流通することになり、資産の合計の見通しと負債および資本の合計の見通しが一致しないという嘆かわしい事態に陥ったというわけだ。結局、消えた資金は「清算収入」として負債および資本の項に計上されることになった。

むろん、このような決済手続きの麻痺は国内企業間のみに止まらず、ロシア企業との間でもそうだった。年明け以降、ロシアとの貿易を決済するために、関係企業はロシア中央銀行に登録しなければならないことになっていたのだが、手続きに時間がかかって処理が滞り、ロシアとウクライナ双方の企業に多くの未払い金が溜まることになった。ウクライナ国立銀行の資料によれば、九二年第一・四半期だけで、ウクライナのロシアに対する負債は六四億ルーブル、ロシアのウクライナに対するそれはなんと二五〇億ルーブルにも上っていた。当時のレートで換算すると、それぞれおよそ四〇〇〇万ドル、一億六〇〇〇万ドルに相当し、わずか三カ月間の実績であることを考えるといかにも巨額である。

事態を改善するために、ウクライナでは国防省の通信チャネルを利用して銀行間をコンピューターで結ぶ計画が進められていた。余談になるが、軍の通信システムはロシア語で〝イスクラ〟、つまり「火花」と呼ばれる。ハイテクとはとても縁の無さそうな、いかにも大時代じみた名前だ。一九〇〇年末、レーニンが亡命先のライプツィヒで非合法に発刊した、当時のロシア社会民主労働党の機関紙のタイトルに因んで命名されたという。

また、すでにカナダから新しいコンピューターを購入する契約が結ばれており、数カ月先にはこのシステムが稼働することになってもいた。これによって、国内企業間の決済は大いに合理化される目途がついた。だが、ロシアのコンピューターとはシステムが異なるので、肝心の貿易決済の方は一向に改善されそうになかった。

ロシアの企業から石油を直接買い付け

一方、ソ連時代から両国政府の間では、主としてロシアのエネルギーとウクライナの穀物とのバーター貿易がおこなわれていたが、独立後もそのやり方がベースになり、政府間で年度ごとに取引条件を協議して貿易を続けることになっていた。

だが、ウクライナがロシアから離れ始めると、ロシアは経済制裁に打って出て、エネルギーの供給を削減した。たとえば九二年の上半期、石油はロシア政府との協定では年間四〇〇〇万トンほど買い付けられる約束になっていたが、六月になっても四〇%しか調達できておらず、また天然ガスにいたっては年間必要量一〇〇〇億㎥のうち、なんと五%分しか調達できていなかった。そうなると、最も困るのはコルホーズやソホーズの農民たちだった。ガソリンが無ければ農業機械を動かせず、秋の収穫ができなくなって

ロシアからの輸入契約の達成状況(1992年上半期)

(単位：%)

品　目(単位)	政府間協定量	上半期の輸入量	協定達成率
石油など(1,000 t)	40,000	15,400	38.6
石油製品			
ガソリン	1,600	400	25.0
ディゼル燃料	2,200	1,200	54.5
重油	600	500	83.3
天然ガス(100万m³)	98,300	4,400	4.5
窒素肥料(t)	200,000	10,700	5.4
プラスチック	64,900	12,800	19.7
ソーダ類	102,900	19,000	18.5
医薬品(100万ルーブル)	300	—	—
木材(1,000 m³)	4,800	1,400	29.2
内，坑道支柱用	2,000	—	—
板材(1,000 m²)	7,000	3,400	48.6
トラックなど(台)	80,100	10,900	13.6
バスなど	4,300	460	10.7
乗用車	67,600	8,000	11.8
タイヤ(1,000個)	2,500	740	29.6
ベアリング(100万個)	100	40	40.0

出所：ウクライナ統計省資料より作成

注1：石油などには濃縮ガス，トラックなどにはトレーラー，バスなどにはトロリーバスがそれぞれ含まれる.

注2：政府間協定量は年間数量.

注3：石油の取引価格は1,200ルーブル/t.

コルホーズの村でセミョーノヴィチ村長(右)らと歓談

しまうだろう。

ところが、地方の現場では、それとは異なる状況が生まれていた。ラボシュリクさんにアレンジを依頼し、首都キエフに次ぐ第二の都市ハリコフで、近郊のコルホーズの村を訪問した。

澄みきった青空のもとに、六〇〇〇戸の農家が一七のコルホーズに分かれてあちこちに集落を成していた。耕地面積は七〇〇〇〇ヘクタール。春小麦の穂がいっせいに丘を下って地平線になる。広大としか言いようがない。目の前のひまわり畑だけでなんと九〇ヘクタール。東京ディズニーランドの全敷地面積よりもずっと広い。「この分だと、今年は一ヘクタール当たり三・六トンは穫れそうだ。昔ならば二・六トンでレーニン賞がもらえたものだよ」。欧米では一ヘクタール当たり五、六トンは穫れるから、生産性はまだまだ低い。それでも、コルホーズ長のセミョーノヴィチさんは上機嫌だった。

私は、「ガソリンはあるか」と聞いてみた。「もちろんだ」

驚いたことに、このコルホーズでは穀物と交換でロシアの石油生産者から直接、石油を買っていたのである。実際、ロシアとの貿易統計を見てもその様子がうかがえた。たしかに政府間協定の達成率は低かったが、それとは別に企業間の協定もあり、そのような関係は政府同士の仲がどうであれ、お互いの必要性に裏打ちされているので約束はしっかりと守られ、うまくいっているようだった。これではモスクワがエネルギーの供給停止の制裁を打ち出し、それに対抗してキエフが穀物禁輸策を打ち出しても、それは中央政府同士の意地の張り合いに過ぎず、地方の企業やコルホーズなどにはかえって迷惑なことではないかとさえ思われた。

「以前は、同じ量の石油を配給してもらうためにトラック三台分の穀物を政府に差し出したものだ。それがいまは二台で済む」。農民は収奪されてきたのだと、セミョーノヴィチさんは言いたげだった。スターリンが農業集団化に乗り出して六〇年、いまでは農民はすっかりサラリーマン化し、村から篤農家は消えていた。が、たとえそうだとしても、農民にとっては収穫した穀物を国際価格よりもずっと安く買い叩かれ、その見返りにクーポンとわずかなガソリンの配給に与るというのではとても引き合わず、いっそロシアの企業から直接、バーターでガソリンを買った方がはるかに割に合うということなのだろう。

拡がるバーター交易

バーターでの取り引きがおこなわれているのは農村だけではなかった。ハリコフ州は、一つの州だけで全ウクライナの工業生産の三〇％近くを担う一大工業地域でもある。ウクライナの東部にあってロシアに近接し、州経済はいわばロシアと一体である。企業は原材料や部品をロシアから買い、製品をロシアに売っている。

州政府のチトフ副知事は、ロシアとの決済問題について次のように述べた。「いま最も不満に思うのは、両国の中央銀行に政策の違いがあってお互いに対立していることだ。ウクライナ国立銀行の指示により、企業は前払いでなければ取り引きができなくなった。このままでは産業が潰れてしまうだろう。もう一つの問題は、ロシアからの資材調達を、ウクライナ国立銀行の保証なしに企業間の信用でやらなければならないことだ。これは相手にとってリスクが大きいため、取り引きがスムーズに進まない。若い国だから解決の方法を知らない。いまはウクライナ国立銀行を通じてロシア中央銀行にお金を払い込み、その証明書をロシアの企業に送って資材を受け取っている。だが、これでは手間と時間ばかりがかかり、いつまで待っても資材が届かない。そこで、企業は経営者の人脈を使ってバーターに頼っている」

たしかに、地方の生産者同士の間でおこなわれるバーター交易は、一面では国家管理の無視ということと裏腹で、統制のザルからこぼれ出た混乱の副産物ということではある。だが、それは日々の経済活動を維持するために行われる自生的な営みだ。しかも、それによって中央のみではなく地方にも資本が蓄積されていく。やがて、このような地域や企業間の物々交換のネットワークが拡がるうちに、それがかたちを整えて市場が育ち、指令に代わる新しい経済の仕組みがかたちづくられていくということであろうか。私は、このような地方経済の光景と向き合って、ソ連解体後の経済発展の方向を指し示すポジティブな可能性を見る思いがした。

もっとも、物々交換では交易の範囲が限られよう。つまり、そもそも物々交換の経済では、こちらが欲しい物をその時に持ち合わせ、しかもこちらが持っている物を欲しいと思う相手を探し当てなければならないから大いに手間がかかるだろう。そこで、この不便を和らげるために、古くは貝殻、石類、コーヒー豆など、誰もが共通に欲しがる物が貨幣として用いられ、やがてそれが金、銀などの貴金属に始まる鋳造貨幣に置き換わった。

さらに、商工業が発達して取り引きが大規模になり、活発になるのにともなって、当初は貨幣流通の補助として使われるに過ぎなかった信用証券や小切手が銀行券のかたちをとり、通貨の主役として産業流通の発達を媒介することになった。そして、その機能が円滑化され、完成されたものが中央銀行制度であり、またそこで営まれる生産と消費の全体が国民経済である。以来、銀行券は紙幣として一般に流通するとともに、銀行制度の発達を背景に、広く小切手の振り出しを媒介にした預金通貨の流通を裏打ちし、やがては一国の中央銀行ののれんへの信用が国家間の支払決済メカニズムを支える基礎ともなった。

したがって、このような貨幣の変遷からみると、物々交換の経済は、通貨に対する信頼とそれに基づく銀行制度が確立されていない、つまり国民経済としての体裁を備えるまでにいたっていない、いまだ混沌とした経済だと言えよう。

国民経済生成への根源的な問い

だが、考えてみれば、ソ連経済はもともと物動中心の経済であり、お金の流れにはそもそも従属的な役割しか与えられていなかった。

たとえば、企業への資金供給ひとつをとってみても、政府が決めた価格と生産量によって、製品別、企業別に全ソ連にわたって管理された。そして、製品が購入企業に納められた時点で、生産ノルマに対する達成度に応じて、生産者の預金口座に売上収入としてお金が振り込まれた。購入企業が資金ショートに陥った場合にも製品の移動だけは続けられ、年度末に〝クビトーフカ〟と呼ばれる産業部門省レベルの総合勘定で相殺され、調整された。

他方、市場では、価格はコストを全く反映していなかった。電気、ガス、暖房などの光熱費や住居費、地下鉄やバスなどの運賃はタダ同然であり、またパンやバターやじゃがいもは誰もが等しく買えるように安く売られ、むしろ経済全体が現物中心の配給制度に近かった。

したがって、その意味では、生産の現場でせっせと営まれる物々交換の経済は、連邦が消滅して産業流通の決済メカニズムが壊れた後に、これまでにあった物動ネットワークの原形だけが生々しく露呈されたに過ぎないのかもしれない。

が、しかし、と私は思う。物動ネットワークが生きているとすれば、それは企業や生産者が、ソ連が解体して指令がなくなった後も、相変わらず旧システムのマニュアルにしたがって行動しているということではないのか。もしそうだとすると、問題の所在は、制度の不備とはいささか次元を異にする。なぜなら、このような経済では、マネーサプライが財政当局や中央銀行のコントロールとは無関係に、実態経済の中で内生的に決まってしまうということなのだから。

通貨当局がマネーサプライの管理によってマクロ経済を運営しようとしても、企業や組織が資金繰りに関係なく勝手に現物取引を進めてしまえば、マクロ経済政策そのものの意味がない。つまり、ここでは通貨はあることはあるのだが、機能不全に陥っており、金利メカニズムも働かない。逆説的に言えば、金融はないどころか、無制限にある。事実、後になって私は、企業や組織の間に溜まった未払い債務の処理をめぐって、シヴォルスキーさんから凄まじいばかりの現実を聞かされて驚くことになる。

ソ連解体後のいま、ウクライナをはじめかつての構成共和国は、独立国としてそれぞれに歴史の第一ページを開くことになったのだが、そこで展開されている事態は、まさしく国民経済が生成される過程そのものであるように私には思われた。そもそも、貨幣とは何か。市場とは、また通貨とは何か。広大なユーラシアで、さまよえるルーブル通貨圏の国々が求めようとしているのは、そのような根源的な問いへの答えでもあった。

ルーブル通貨圏から出るか、留まるか

ミュンヘン・サミットが目前に迫っていた。ロシアはＩＭＦから融資を受ける条件として、財政赤字をＧＤＰ(国内総生産)の一〇％以内に収め、インフレ率を月間五％未満に抑える約束を交わしていた。だが、ウクライナ国立銀行が国内企業に対して勝手にルーブル・クレジットを供与したことは、旧ソ連の統一的な通貨当局としてのロシア中央銀行の地位を事実上、否定する結果になった。そして、バルト三国を除く旧ソ連全域をルーブル通貨圏に留め、あくまでも自らの主導のもとに改革を進めたいというロシアの希望も断たれた。これではルーブル安定化のための金融支援はとても受けられない。ロシアはルーブル通貨圏の盟主として、通貨管理のルールを明確にし、ルーブルの地位を守らねばならなかった。

　そこで、すでに六月はじめ、ロシアはウクライナをはじめとする旧ソ連の各構成諸国に対して、(1)統一中央銀行を設立する、(2)通貨の発行をコントロールするための国家間国際銀行を設立する、(3)ロシアが独自通貨を発行し、七月一日から部分的に新通貨に入れ換える、という三つの代替案を提示し、七月一日までに回答するよう検討を求めていた。

　六月二三日、黒海沿岸のロシアの保養地ソチで、エリツィン大統領とクラフチュク大統領のトップ会談が開かれた。これには両国の中央銀行の代表も加わることになり、ウクライナ国立銀行からはシヴォルスキーさんも出席した。ルーブル通貨圏から出るか、留まるか、ウクライナに対する最後通牒になるはずだ。私は彼が出張から戻るのを待って、会談の結果を質問した。

　席上、ロシア指導部は、ロシア中央銀行の指導のもとに通貨・金融政策を一元化することに同意できないのであれば、一刻も早くルーブル通貨圏から出るべきだ、ただし、その後はエネルギーの輸出を国際価格ベースでおこないたいと、ウクライナ側に判断を迫ったという。

　ウクライナ指導部の考え方は明解だった。第一にエネルギーを安く、安定的に買えること、第二にロシア経済が安定し、自国経済の安定にも良い影響を与えること、この二つが満たされれば、ルーブル通貨圏に留まる意味がある。しかし、エネルギー価格の引き上げはＩＭＦの勧告でもあり、たとえウクライナがルーブル通貨圏からの離脱を思い止まったにせよ、ロシアとしては勧告に従わないわけにはいかないだろうし、ロシア経済が近い将来、安定化に向かう兆しもない。ルーブル通貨圏に留まるメリットは、もはやない。しかも、一国の主権に関わる通貨・金融政策まで干渉されるというのでは、独立国としての実体を保てない。「通貨を再びルーブルに戻すことはあり得ない。年末までにフリブナを導入する計画だ」。シヴォルスキーさんはきっぱりと答えた。

傍らで聞いていたカメヌイさんは弱気だった。彼は壁に架かった世界地図の方に歩み寄って、おもむろにまずロシアを指さし、次に中・東欧からヨーロッパの方角を指さして、「ロシアとの縁が切れれば、ウクライナ経済は崩壊してしまう。経済が早く秩序を取り戻さなければ、ユーゴと同じように国が分裂するだろう。われわれは両方の国々と仲良くやっていかなければ生きていけないのだ。それが、ウクライナが発展する唯一の道だ」と言って、ふっとため息をついた。

この国は、東と西で立場が大きく違っていた。ドンバス地方を中心とする東ウクライナでは、産業界を中心にロシアとの関係改善を求める声が高く、他方、ガリツィア地方を中心とする西ウクライナは独立派で占められ、ロシアから離れ、中・東欧やヨーロッパ諸国との関係を強めるべきだと主張していた。カメヌイさんは、経済がよくならないために、やがて両者の対立が先鋭化する結果になることを恐れていたのだろう。

七月はじめ、モスクワへの出張から戻るとカメヌイさんから電話があり、私たちの執務室が、大統領府から通りを隔てて向かい側にある五階建てのビルに引っ越したのだと言う。それまでの部屋が広くてゆったりとしていただけに、新しい執務室はとても窮屈で、これはどう見ても格が下がったとしか思えなかった。経済改革管理委員会があったフロアーには、外務省と国防省の一部が入ることになったらしい。イーゴリ君をつかまえて理由を尋ねたが、子細のほどはわからなかった。

最高会議は長い夏休みに入った。会う人ごとにあれほど真剣に経済の危機を訴えながらも、時期がくれば何事もなかったかのようにこぞって休暇に入ってしまうことが、私には驚きだった。この国の経済は実に奥が深そうだ。だが、若い志士たちに夏休みは来

価格指数の推移(1992年)

項　目	月											
	1	2	3	4	5	6	7	8	9	10	11	12
消費財価格	385	443	496	536	611	769	954	1,230	—	—	1,900	—
工業卸売価格	1,390	1,690	1,860	—	—	—	—	—	3,700	—	—	4,200
平均月給	—	—	—	—	—	—	—	—	—	—	—	920

出所：ウクライナ財務省，統計省資料
注1：平均月給は国家予算部門.
注2：消費財価格と平均月給は91年12月=100，工業卸売価格は91年同時期=100.

ない。中旬には上半期の経済報告が出る予定になっていたので、私もこの機会に統計の整理を進めることにし、いつもどおりに執務室へ通った。

そんなある日、中央銀行のマルコフさんが、目を真っ赤に腫らして疲れた表情でやってきた。「この一週間、国じゅうの企業の決済書類を整理し、袋に詰めてモスクワの決済センターに送っている」。当時、ロシアとの貿易決済は、両国の中央銀行に決済センターを設置して四半期ごとにそれぞれ書類をとりまとめ、旧ソ連のゴスバンクのコンピューターを利用して定期的に処理することになっていた。なんと中央銀行の総裁代理ともあろう人が、夏の暑い盛りに書類の袋詰めに追われて徹夜で作業をしているというのである。他方、モスクワの決済センターでは、オペレーターの胸算用ひとつで処理が遅れもすれば、早まりもした。「自分の袋を先に開けてもらおうとすれば賄賂がいる」。マルコフさんは実にやるせなさそうだった。

急進改革派経済大臣の解任

上半期の経済速報が届いていた。出口は見えない。生産動向は、六月もすべての指標でマイナス成長が続いており、経済が回復へ向かう兆しは少しも見えなかった。他方、物価は上がる一方で、月間上昇率は六月末には二六%になり、夏に向かって三〇%に迫る勢いだった。年率に直すと、なんと二〇〇〇%にも達する猛烈なインフレである。カメヌイさんはがっくりと肩を落としてため息をつく。マルコフさんはポケットから真新しいクーポンの見本を取り出して、私にプレゼントしてくれた。いよいよ一〇〇〇カルボヴァーニェツの登場である。むろん、市中にはルーブルも流通していたが、七月から、給料はクーポンのみで支給されるようになっていた。

その日、私はマルコフさんからラナボイ第一副首相が解任されたというニュースを知らされた。彼は「ウクライナのガイダール（ロシアのエリツィン大統領のもとで、首相代行として急進的な市場経済改革を進めた）」との異名をとっていた急進改革派のエコノミストで、経済大臣を兼任してIMFや世界銀行との交渉窓口にもなっていた人物である。

マルコフさんの話を聞きながら、私はある出来事を思い出した。エリツィン大統領とクラフチュク大統領のトップ会談が開かれたのと奇しくも同じ六月二三日、東ウクライナの中心都市ハリコフで、ロシアとウクライナの企業家同盟による合同会議が開かれた。そして、両国の産業界が団結し、それぞれの政府に対して経済取引の正常化と民営化の先送りを要求したというのである。独立政策に対して、産業界からの突き上げが始まろうとしていた。

第3章　激しいインフレ下の生活風景

アンドレフスキー教会の前で，バンドゥーラを奏でる吟遊詩人

憂鬱なる帰還

七月末から二週間ほど、東京から家族を呼んでウィーンで夏休みを過ごすことにした。その日、私はモスクワのシェレメチェヴォ国際空港まで家族を迎えに出た。四月末に日本を出発して以来、ちょうど三カ月ぶりの対面になる。はじめてのモスクワで、無事に出口までたどり着けるだろうかと心配したが、ガラス越しに、税関のまわりをうろちょろする子供たちの姿を見つけた時は、いささか込み上げるものがあった。長女は私のことを覚えていたらしく、照れくさそうに母親の陰に隠れたが、長男はすっかり忘れていた。妻は疲れ切った顔をしている。幼いふたりの子供を連れて、一〇時間の空の旅はたいへんだったのだろう。モスクワで一泊して、翌日、ウィーンへ向かった。

空港に降り立つと、やはり「先進国」はいいなとつくづく思った。何もかもが便利で快適だし、何よりも街が明るくて安定した市民生活のルールが感じられる。もっとも、早速、スリに遇いはしたが……。

三カ月の間に、子供たちはすっかり成長していた。長女は四月から幼稚園へ通い始めていた。声の割に少し線が細いから、園に馴染むことができるかどうか心配していたが、ブランコに立ち乗りするようになったのを見て頼もしく思った。長男はひとり歩きができるようになり、私に慣れるとやんちゃぶりを発揮し始めた。一家水入らずで郊外の森をのんびり散歩し、また時にはバロック風の街並みを眺めながら古い教会や美術館を見て回り、郊外に足を延ばしてフロイトの生家を訪ねたり、丘の頂にあるプールで水泳を楽しんだりして過ごした。終わってしまえば短い休暇ではあったが、久しぶりに味わう先進国の風は実に心地よく、ラーメンやカレーや寿司、冷たい瓶ビールといった単純なものが、それだけでたまらなくうまかった。

八月中旬、空路、ウィーンからキエフへ戻った。まるで羽田空港から寂しい南の島の空港に降り立ったような気分だ。ウィーンからの一時間半が、二〇年、三〇年、あるいはそれ以上の時間の退行のように思えた。

ウクライナにヨーロッパから直行便で入国するのははじめてだった。外から見ると、大きな空港ビルの左端に淡いピンク色に塗られた一角があった。ここがこの若い独立国の空の玄関なのである。まだ外国に大使館を開いていないので、入国審査官がその場でビザを発給する。乗客の大半は、最初に会計窓口へ行き、五〇ドルを支払って領収証を受け取る。先にお金を払うというやり方は国営商店と同じだ。私は五月にマルチプルビザを取得していたので、あらためて買う必要はない。次に、その領収証の紙切れを持って入国ゲートに並ぶ。係官がパスポートを開いてビザ・フォーマットのスタンプを押し、そこに名前と訪問都市を記入する。写真は要らない。

だが、慣れない係官がボールペンでいちいち用紙に書き込むので時間がかかり、ゲートにはたちまち長蛇の列ができてしまった。外は摂氏三〇度を超す猛暑だ。狭いホール内はごった返してあちこちから不満の声が上がっているというのに、入国ゲートは一〇カ所のうち三カ所しか開いていないではないか。「こんなに長い列ができているのに、なぜ他のゲートを開けないのか」「私に聞かれてもわからない」。通りがかった係官は少しも意に介そうとしない。いまも、この国の人々の意識はソヴィエト時代と少しも変わらないようだ。国家のサービスを受けるために長い行列に並ぶのは当たり前のことなのだろう。

空港には、当然のことながら預けた荷物を受け取るためのターンテーブルはない。やがて、大きなトランクや布袋を山積みにした荷車が、入国審査を済ませた乗客の待っている、倉庫のような薄暗い待合所に乗り入れてきた。その山から、各人、自分の荷物を探し出して取り合うのがひと仕事だ。西側の乗客は、これはとんでもなく不便な所へ来てしまったものだと、お互いに顔を見合わせながら出口へと向かう。

キエフの生活事情

ウィーンを発つ時はひどく憂鬱だった。キエフの街には、日本人は私を含めてほんの数人しか住んでいなかった。街は美しくても、日本の生活に馴染んだ者にとってはとにかく不便なところなのである。

まず第一に、通信事情が悪い。日本へ電話をかけるためには、一日前に中央電話局に予約をして一晩待たなければならない。それ以外には市内に一カ所だけ、外国人専用のインツーリスト・ホテルへ行くとダイヤル直通の国際電話があった。しかし、これはとても高かった。東京まで一分間で一三ドルもかかったから、余程のことでもない限り、とても利用する気にはなれない。おまけに係の女性は無愛想でサービスも悪かった。それもそのはずだ。彼女たちの月給は、外国人が仕事で使うたった一分間の電話代にも及ばない。その現実を、毎日目の前で見せつけられたのでは、働くことさえ虚しくなろうというものだ。

また、ファクシミリもあるにはあるが、料金ばかり高くてまともに送信できないから、かえって煩わしいだけだった。一度、必要に迫られて東京へ原稿を送ろうとしたことがあるが、何度試してみてもだめだった。器械は日本製なのだが、日本では一〇年以上も前に姿を消した年代物だった。「混み入った文字がびっしり並んでいるからだと思う」などと、オペレーターはとんちんかんなことを言う。傍で見ているだけでいらいらしてきた。ここは日本ではない、こういう所なのだからしかたがないのだと悟り、諦めがつくまでに三日間を棒にふった。

私が滞在していたルーシ・ホテルの部屋からは、モスクワへすらダイヤルインでは電話できなかったので、用事がある時は最高会議の執務室からかけることにしていた。これは別の意味ですごかった。

机の上には電話が三台あった。一台は外線、一台は市外専用、残りの一台は内線、つまり幹部の間を結ぶホットラインだった。これを使うと、受ける方も電話をかけた人物が幹部だとわかるからすぐに受話器を取り、どんな用事を頼んでもまず「ニェット(だめだ)」とは言わない。残念ながら国際電話はかからなかったが、政府や中央銀行の要人、大企業の幹部や科学アカデミーのエコノミストなどに用事がある時は、内線電話を利用すると相手はふたつ返事で応じてくれた。

第二に、日々の食事にはたいへん苦労した。外国暮らしも長くなると、体調のこともあって食べ慣れた日本食が恋しくなる。ところが、キエフでは日本食にありつけなかった。中華料理店もなければ、韓国料理店もなかった。外国料理といえばスイス料理の外貨レストランがひとつあるだけで、それ以外はみなウクライナ食堂だった。

ウクライナ料理がうまくないというわけではない。たしかに、メニュー表には前菜からデザートまで順番にずらりと並んでいる。だが、いざ注文してみると、どれもこれも「ニェット(ありません)」の答えが返ってきて、食べられるのはいつもロシア風ビーフステーキとキエフ風カツレツだけだった。ビーフステーキは厚い肉を草履のように薄く叩いて、ひまわり油で焼いたものだ。硬くて、力を入れて切ろうとするとナイフが曲がってしまう。キエフ風カツレツの方は、鶏肉を挽いて真ん中にバターを詰め、骨を指し込んだ後に表面にパン粉をまぶし、これもまたひまわり油で揚げたものだ。これは作り方によってはなかなかおいしいものなのだが、毎日続けられるものではない。というわけで、ホテルの食事からもたちまち足が遠のいた。

昼食だけは最高会議のレストランを利用できた。ここは清潔で、雰囲気もよかった。日本と異なり、こちらでは昼食が一日の正餐(ディナー)だ。メニューはメインディッシュが日替わりで、とてもうまかった。コンソメスープで煮込んだロールキャベツなどは実に美味であった。しかも値段は安く、街中のレストランの一〇分の一以下だった。日本人の私にはなおさらのことで、フルコースで食べてもせいぜい四〇円か五〇円で済んだ。また、ウェイトレスの動きもてきぱきとしており、テーブルに着くとすぐに新しいパンを運んでくれたし、皿が空いたのを見届けると直ちに片付けにも来た。かつては共産党の高級官僚が利用していたところで睨みが利いていたためか、あるいは彼らに気に入られて取り入れれば役得があるから一生懸命サービスするということでもあろうか。そうだとすれば、これもソヴィエト的な情実社会の一面だ。カメヌイさんやバラバシュさんらといっしょに食事にいったが、ソ連が解体しなければ、彼らだってこんな立派なレストランを利用することなど無かったことだろう。

一度、ふとしたことからフリシャーチク通りの国営レストランで食事をしたことがあった。一時過ぎに注文したのだが、最初のスープが出てきたのはそれから三〇分も過ぎた頃で、最後のコーヒーが出てきた時にはすでに三時を優に回っていた。客は少なく、忙しいはずはなかった。ウェイトレスはたくさんいたが、厨房の入口あたりにたむろしてお互いに無駄口ばかり叩いている。あるいは客には見向きもせず、テーブルの一角に陣取って何やら帳簿の整理めいたことをしている。その間に、ステーキはすっかり冷めて硬くなっていた。

このようなことは、街の国営レストランでは当たり前だった。市民は、レストランに限らず、職場とはそのようなものだとお互いに弁《わきま》えているから、彼ら自身はめったに利用しない。私は、国営レストランはふつう誰がどのように利用するのだろうかと考え込んでしまった。外国人専用ホテルのレストランといえども、事情は変わらなかった。それと比べると、権力のお膝元だけはさすがに条件が整っており、いまもそのなごりが生きている。表向きの体制や制度が変わっても、生活の様態はそう簡単に変わるものではない。

テレビインタビューが全国放送

だが、ホテルのレストランで働く従業員たちは、一旦、気を許せる仲になれば実に気のいい連中でもあった。ウィーンから戻って間もなく、私はウクライナ・テレビのインタビューを受け、それがニュース番組で放映された。その時、私は次のような話をした。

「ウクライナの人々は本当は働き者です。ご婦人方はしばしば、男連中がウォッカが好きなことを批判しますが、私はそうは思いません。ウォッカを飲むことはたいへんいいことです。仕事が終わった後、仲間同士で上司の悪口を言い合うことは愉快で元気も出ます。ただ、朝から飲むことと、つい飲み過ぎてしまう習慣はよくないですね」。これは大いに受けたらしい。

また、役人たちのドル稼ぎの一部を紹介して批判した。

「政府の役人が立場を利用してドルを稼ぎ、それで贅沢をしたいと思っているから、外貨の管理を徹底することができないのでしょうか。たとえば、日本の商社がキエフに事務所を開こうとすると、余計な費用がかかり過ぎます。まず、許可を取るために、対外経済関係貿易省に二〇〇〇ドルも納めなければなりません。電話を引こうとすれば、電話局に一〇〇〇ドルを払い込まないと、いつまで待っても工事に来てくれません。自動車を登録しようとすれば、警察官が一〇〇ドル出すように要求します。これでは、せっかくのすばらしい外国投資法が泣きます。それに、普通の国民がドルを欲しがるようになるのは当たり前で、白タクが増えてもしかたがありません」

そして最後に、「ゼロから国民経済をつくっていくためには、政府と国民が共に力を合わせなければなりません。そのためには、クラフチュク大統領をはじめ政府の指導者自らが私利私欲を捨て、国民に理解と協力を求めることが大切です」と結んだ。

私は、これは少し言い過ぎたかなと不安にもなり、また同時に、そのまま放映されることはまずなかろうと思いながらテレビを見ていたら、なんと何ひとつ修正されることなく全国放送されているではないか。社会システムが未整備な段階なので、あちこちで「勝手な自由」が漏れ出ることがあるということだろうか。ともかく、私は大いに驚いた。

だが、翌日からルーシ・ホテルのレストランではボーイやウェイトレスの対応が一変した。

「テレビで見ましたよ、とてもよかった」と、皆が声をかけてくれた。それまでは私のことを、毎晩、懲りもせずに同じメニューを注文する変な日本人客、とでも思っていたのだろう。あるいはまた、私の辛抱強さに感心していたかもしれない。だが、その後は「疲れているのではないか」と心配してくれたり、「ビーフストロガノフがあるよ」とか、「チャーハンを作ろうか」とか言って気遣ってくれるようになった。もっとも、それは私が民営化を推進する経済改革管理委員会で仕事をしていることを知って媚《こび》を売る気になった、というだけのことだったのかもしれないが。

第三に、停電と断水が予告もなく訪れ、それが数日間も続くことがあった。日本企業としてキエフにはじめて駐在員事務所を構えた総合商社「兼松」の内堀学所長は、中心街にほど近い特権階級用の立派な高層住宅に住んでいた。大統領府から車で五分の距離にある。

ある日、お招きにあって、日々の苦労話に花を咲かせた。深夜の一一時頃、遠い日本に思いを馳せながら「石原裕次郎」を聴いていたら、突然停電した。聞けば、この一週間、お湯が出ないので髪を洗っていないと言うではないか。断水に備えて、浴槽やバケツには水が貯めてあった。これが賓客用の高級住宅なのである。もっとも、私自身はホテル住まいだから、こういう事態にはめったに遭遇しなかった。茶色や鼠色に濁ったお湯に浸かるのにも、三カ月もすればすっかり慣れていた。

進行するウクライナ語化

言葉の問題もあった。この国では、時を追ってウクライナ語化が進んでいた。私は、ウクライナ語は同じスラブ語系の言語だから、ロシア語がわかれば何とかなるだろうと高を括っていたようである。現実には、ウクライナ語で話をされると皆目わからない。

しばらくしてわかったのだが、この国の政治家は本当はロシア語で話した方が楽なのに、あえてウクライナ語を話そうと努めているようだった。彼らの大半は、ロシア語を標準語として教育を受けてきたはずだ。

実は、ピリプチュク委員長もそのひとりらしかった。東京から来客があって私も同席した折、通訳のヴァロージャがロシア語で進めたので、「君は、なぜウクライナ語で進めないのか」とクレームをつけた。「申し訳ありません。私は学校教育をロシア語で受けたので、ウクライナ語を話しても小鳥が囀《さえず》るようには響きません」。ヴァロージャはうまいことを言った。彼はインツーリストの日本語ガイドで、「井上ひさし」の愛読者だ。すると、ピリプチュクさんは「なるほど」とおもむろに頷いて、自分もロシア語で話し始めたのだが、その時、口もとの緊張がにわかに和らいだように見えた。

議会や政府には、私と違ってアドバイザーとして幾人かの外国人が招かれていた。彼らの多くは北米やヨーロッパから派遣されたウクライナ移民二世で、ロシア語はわからなくてもウクライナ語を流暢に話すので、現地への溶け込み方という点で私とは格段に開きがあった。たまたま何かの席でいっしょになると、私など端から相手にしてもらえず、ウクライナ語で会話が進んだのでは話の輪にも入っていけず、つい気弱にもなった。そのうえ、夏頃には月々の経済報告や法案など、ほとんどすべての資料がウクライナ語のものだけになった。夏休みを前に、私はウクライナ語を勉強することに決め、日本からテキストを取り寄せた。この国が少しは理解できたと思えるようになったのは、それからである。

しかし、日本が心地よい文明国だと痛感したのは、実はそうした生活の不便さにおいてではない。車を買おうとして、保険制度について調べてみたら、なんと労働者の楽園を夢見たはずのこの社会で、国家の財産が人の命に優先していたのである。社会主義には無限責任という考え方がないらしい。自動車事故の最高の補償額は、たかだか二万ドルほどであった。住宅に飛び込んで壊した時の賠償額が、保険金の限度額だというのである。それならば万一人を撥ねた時、一体どう償えばよいというのか。たとえ轢き殺されても轢かれた方が悪ければしかたがない、というのがこの社会の考え方なのだろうか。

それどころか、この国では保険が安心料になるとは限らなかった。この春、まだ私がキエフに着任する前、西側の外交官が乗用車に保険をかけたところ、事もあろうに運転手の弟が保険金目当てに走る車に飛び込んできたそうだ。この話を聞いて私は愕然とし、車を買うのを諦めた。

インフレに喘ぐ人々

一方、首都キエフでは、省エネルギー運動が徹底されていた。一年前に比べると、昼間の通りを行き交う車の数もいくらか減った。ガソリンが農村地帯に優先的に配分され、市内では手に入りにくくなったためだ。

国民は激しいインフレに喘いでいた。食事は質素になった。知人のお宅に招かれたが、食卓にはトマトときゅうりのサラダ、じゃがいもと鶏肉のつぼ焼きが並んだだけだった。じゃがいもばかりが幾重にも詰まったつぼの底に、小さな鶏の手羽肉が数切れだけ入っていた。「物価が高くて、とてもご馳走できません」と、奥さんは申し訳なさそうだった。

インフレは職場の様子も変えていた。ある日、私はモスクワへ行くための航空券を予約しようとインツーリスト・ビューローへ行った。ところが、以前は三人いたはずの女性職員がひとりしかおらず、窓口は閑散としている。聞けば、若い社員は給料が安いために辞めてしまったのだと言う。そうぼやきながら、ひとり残った中年の部長が疲れた様子で仕事をしていた。

とはいえ、それが社会的な緊張を生むというわけではなかった。自由になったせいか、人々の表情はむしろ明るい。同じインツーリストでも、ガイド職になると事情は異なる。日本企業のトップが旅の途中でキエフに立ち寄ることになった。そこで、ヴァロージャにガイドを頼んだ。彼は正規の仕事としてではなく、休暇を取って一日八〇ドルでアルバイトをした。ところが、市内でばったり上司に出くわした。「あら、あなたは休みじゃなかった」「部長こそ、お休みだったのでは」という始末なのである。

インフレが激しくなるのにともなって、国民のルーブル指向は次第に高まり、一対一の公式レートとは裏腹にヤミ市場のクーポン相場は急落していった。街で見かける土産物の値段は、実はルーブル価格ではなくクーポン価格だった。一万六〇〇〇カルボヴァーニェツのマトリョーシカ(ロシアの代表的な民芸品として知られる、入れ子式の木製人形)は、

「ルーブル払い」と言うと一万三〇〇〇ルーブルになった。食事代をルーブルで払うと、ウェイトレスはそれをそっとポケットにしまい込む。手に入れたルーブルを街で売ればサヤが稼げるからである。他方、日本人の私には、一度に五〇ドルも両替すれば、厚いクーポンの束が二つも三つも戻ってくるようになった。財布にはとても入りきらなかったので、私はいつもそれをビニール袋に入れて持ち歩いた。

物価は上がったが、その分、物の出回りはよくなった。中央スタジアム広場では月曜日を除いて毎日のようにバザールが立ち、そこにはチューインガムやコーラ、水道の蛇口から中古車にいたるまで何でもあった。カンボジアから来たという若者のグループが、タイ製のジーンズを売り捌いてもいた。

来客の送迎に空港へ行くと、極東のウラジオストクから飛行機が着く度に、人の何倍かほどもある大きな布袋が次々に降ろされ、いかつい顔の男たちがせっせと担ぎ出す光景をしばしば見た。このグループは、東南アジアで仕入れた物をキエフで売って食糧を買い、それを今度は極東で売って蟹の缶詰めを買う。故郷に帰ってそれを売り払うと、商売が一巡するのだそうである。結構、儲かるらしい。「マフィアだから気をつけた方がいいよ」と、ホテルのフロアレディーは忠告してくれたが、日用品の不足に悩む私にはありがたかった。しかも、みなクーポンで買えた。台湾製のラーメンとキューバ産のバナナは私には必需品だった。ラーメンを調理するための鍋やヒーターも、バザールで買い込んだ。

空港では、西ウクライナからシベリアへ出稼ぎに行く労働者の姿もよく見かけた。いまもシベリアのタイガには、年間延べ数百万人の経験豊富なウクライナ人が働いている。彼らは二週間交代でシベリアへ行って働き、その見返りに材木を分けてもらう。シベリアにはウクライナ人が経営する製材工場もあるという。

「ロシアが木材を売らなくなれば、われわれは技術者を引き揚げるまでだ。チュメニの油田についても同じだ。ここの石油技術者の半分は西ウクライナ人だ」。はじめて会った時、ピリプチュクさんは私たちの前でそう言って強がった。

だが、その言葉とは裏腹に、空港に降り立つ男たちはみな一様に物憂げでバッグも持たず、無言で歩き過ぎる長い隊列は、あたかも囚人たちのそれのように見えた。事実、そうかもしれない。そもそも彼らがシベリアへ赴くことになったのは、第二次大戦後、この地方がソ連に併合されて農業集団化が強行された時に、五〇万人の農民たちが強制労働に送り出されたのが始まりだ。それを思うと、私にはピリプチュクさんの強がりがなんだか空しいものに思われた。

街ではドルが幅を利かせるようになり、治安も目に見えて悪くなった。ホテルの玄関先で客を取る白タクの数もすっかり増えた。一年前にはそれほど見かけなかった光景だ。男たちが白タクなら、女たちは売春だった。七月から八月にかけて、私が知る限りでも、一目でそれとわかる日本人グループが二回ぐらいキエフを訪れた。男ばかりの一五人ぐらいの団体だった。添乗員は心得ているらしく、夕方になると、見事に全員が美人同伴でホテルへ戻ってきた。ところが、そこでトラブルが起きた。ホテルのガードマンが、どうしても女性たちを中に入れようとしないのだ。翌朝、男たちは何のために来たのかわからないという不満をぶちまけながら、次の訪問地、サンクトペテルブルクへ向かった。

むろん、売春婦はホテルの中にも住みついていた。ひところ、私の部屋にもしばしば電話がかかった。片言の英語で、「アイムビューティフル」と言う。本当かな？　と思ってホテルのバーに呼び出した。これも調査だからしかたがない。二十歳にもならないような幼い金髪の少女だった。ウラル地方のエカテリンブルクからはるばる流れてきたと言う。客を手引きしていたのはレストランの店長だった。水揚げの半分は、その店長とフロアレディーに掠め取られてしまうとか。

それでも、キエフはいい街だった。旧市街から石畳の坂道を登りきった高台に、キエフ・ルーシ（九世紀後半から一三世紀半ばにかけてキエフを中心に繁栄した、東スラブ系民族初の統一国家）発祥の地があった。夏の日の昼下がり、木陰で年老いた吟遊詩人がバンドゥーラ（ウクライナの伝統的な弦楽器で、愛国的な叙事詩を歌う盲目の吟遊詩人の楽器として知られる）を奏でていた。ウクライナ版「琵琶法師」さながらだ。静かに耳をそばだてると、口もとから歌がこぼれており、私にはそれが諸行無常の響きのように聞こえた。空は青く、時折、気持のよい風が吹き過ぎた。老人の歌声は気高く、私はしばし時を忘れて聴き入った。

草の根の相互扶助ネットワーク

大地に寄せる信頼ゆえか、激しいインフレ下にあっても、街を行く人々の表情は穏やかだった。九一年末、政府は農村の土地付き家屋の売買を自由化し、また九二年の春先からはダーチャ(都市近郊のセカンドハウス)を持たない人々のために郊外の農地を年間一坪四カルボヴァーニェツで貸し出し、国民に生活防衛を奨励した。日曜日の日暮れともなると、郊外のバス停では、畑仕事を終えて家路を急ぐ人々が長い行列を成していた。

ダーチャへ行こうと誘われて、私も畑仕事に駆り出された。ヴァシリエブナさんは、市民病院の女医さんである。彼女の家では早速、キエフから八〇㎞ほど西へ離れたコルホーズの村に七〇〇〇カルボヴァーニェツで空き家を買った。当時の彼女の月給で計算すると、およそ一年半分ぐらいに相当する。住宅は古くて補修が必要だったが、農地は広く、三〇〇坪はありそうだ。この土地を、春先に七〇歳になる老婆とふたりで世話をした甲斐があった。夏になると、トマト、じゃがいも、キャベツ、ひまわり、りんご、さくらんぼなど、いろいろな野菜や果物が豊かに実を結んだ。「これで、今年の冬はじゃがいもを買わなくて済みそうです」。ヴァシリエブナさんは満足そうに額の汗をふいた。

隣家では、彼女の義理の母親がひとりでのんびりと老後を過ごしていた。長くこの村で暮らしてきた人らしい。庭の一角に、防空壕の入口のような突起があった。木戸を開けて中に入ると冷やりとし、そこは天然の大型冷蔵庫だった。棚の上には大きな瓶が積まれていた。やがて、秋の収穫が終わる頃には、これらの瓶は冬越えの野菜や果物でいっぱいになるのだろう。この国の経済では、このように統計に表れない部分がとても大きい。

興味深いことに、そこで商品流通を媒介するのは、実はルーブルでもカルボヴァーニェツでもない。老婆は、まず穫れた野菜や果物を都市に住む子供や親戚に配り、余った分を伝手を頼って電球と交換したり、あるいはそれで納屋を補修してもらったりなどするのである。彼らを結ぶのは、地縁的な相互扶助のネットワークだ。お金を介さないとはいえ、そこには紛れもないもうひとつの市場がある。たまたま、オデッサから息子さんの知り合いがさくらんぼの収穫を手伝いに来ていた。帰りのガソリンを買うためだと言って、さくらんぼをバケツに詰めて車に積んだ。

もっとも、このような物々交換が織りなす草の根の経済は、何もいまになって始まった現象というわけではない。それは指令経済の欠点を補うサブシステムとして、ソ連時代にも静かに営まれていたものだ。だが、いまや旧システムが崩壊し、かたやそれに取って代わる新しい経済システムが未確立ななかで、バーター経済は上から被せられる制度の不備を下から力強く補うものとして、むしろ積極的な役割を果たしているように見えた。その意味で、そこにはただ原始的なバーター経済とのみ言いきれない、何かポジティブな力があるように私には思われたのである。

変わらぬ夏の休暇の風景

この夏は例年になく暑かった。八月半ばを過ぎても残暑が厳しく、温度計は摂氏三〇度を優に超える毎日だった。むろん、クーラーなどはない。

キエフ市の真ん中を、ドニエプル河が南北に滔々と流れている。広い河原にはビーチ・チェアーがずらりと並び、週末になると市民がのんびりと寝そべって短い夏の陽射しを浴びていた。また岸に沿った木陰では、家族連れがそこここで水遊びを楽しんでいた。経済危機などまるで嘘のようだ。流域にはあちこちに湖ができており、家族連れや若者のグループがカヌー競技を楽しんでもいた。羨ましいほどにのどかな光景だった。

当地の男たちは釣りが大好きだ。週末の一日、カメヌイさんの友人に誘われて、私も太公望を気取って釣りを楽しんだ。カメヌイさん自身は仕事があって行けなかった。ドニエプル河では鮒《ふな》や鯉《こい》や鯰《なまず》が釣れるらしい。残念ながら戦果はなかったが、市民は釣れた魚を唐揚げにして食べるそうだ。

しかし、ここから一〇〇㎞ほども上流へ遡れば、そこにはかの有名なチェルノブイリ原子力発電所がある。時々、自由市場やバザールで川魚の切り身が並んでいるのを見かけたが、とても買って食べる気にはなれなかった。人々はチェルノブイリ事故の影響についてあまり口には出さなかったが、本当はとても心配していた。政府の関係者ですら、私とふたりだけになると、「どう思うか」とそっと質問した。特に若い夫婦にとっては子供の健康が心配なようだった。ヴァロージャは、放射能にはウクライナの赤ワインが効くと言っていた。彼の説によれば、宇宙飛行士はみな地球に帰るとウクライナの赤ワインで放射能を流すのだそうだ。

一方、洋の東西を問わず、女性たちは美容と健康維持に余念がない。市内にはサッカーのできる立派な陸上競技場がふたつもあり、そのひとつが中央スタジアムで、私が滞在するホテルのすぐ裏手にあった。夕方になると、ツービートの軽快な音楽が聞こえてきた。何事かと思って見に行くと、仕事帰りの女性たちが集まり、いくつかのグループに分かれてエアロビクスダンスを楽しんでいるではないか。足がすらっと伸びた若い女性から、レオタードがはちきれそうな中年のご婦人まで、みな元気いっぱいだ。

このように、口々に危機とは言いながらも、自然の中でゆっくり寛ぎ、家族や仲間たちとのんびり休暇を楽しんでいる光景を見ていると、調査のためにここにいる私自身の方がどこか間違っているのではないかと思えたほどだ。少なくとも、経済援助が求められているようには見えなかった。この国が直面する問題は、明日の食糧がなくて困るとかいったような生きていくための切実なそれではなく、新興国として国民経済のかたちをゼロからつくり上げるにあたっての、国づくりそのものの難しさだった。

独立一周年記念祭に世界から集まった同胞たち

八月二四日。首都の街は独立一周年を祝う市民たちの喜びに沸いた。朝から、二五〇万人市民のほとんどが教会や広場に繰り出した。赤や緑の刺繍の入った民族衣装を着ている人々も多い。集会で演壇に立ったクラフチュク大統領も、この日ばかりは背広の下にルバシカ(男子の民族衣装で、ゆったりしたブラウス風の上着の腰をひもやベルトで締めて着る)を着ている。西ウクライナのナショナリストはホホール(西ウクライナに残る伝統的な髪形。頭のつむじの一角のみを残して剃り上げ、残った髪を三つ編みにして馬の尻尾のように肩口まで垂らす)という髷《まげ》を結っている。どの顔も、去年よりずっと明るい。

集会には、ウクライナ国旗に混ざって、アメリカ、カナダ、ポーランドなどの国旗が色とりどりにあちこちで揺れていた。実は、この国には祖国の独立を悲願として見守ってきたウクライナ人同胞が、海を越えて移り住んでいる。

アメリカやカナダを中心に、北米には二五〇万とも三〇〇万とも言われるウクライナ系移民が居住する。特にロシア革命期から第二次世界大戦へいたる時期に、ボリシェビキによる弾圧や、スターリンの農業集団化がもたらした大飢饉から逃れるため、多くのウクライナ人が自由を求めて北米やヨーロッパへ移住した歴史がある。移民たちの魂はいまでは二世、三世へと引き継がれ、その数はなんと五〇〇万人を超えるともいう。この日、彼らは独立一周年の喜びを分かち合うために、世界の四〇カ国からはるばる馳せ参じたのである。

夕方、人々はフリシャーチク通りに集まった。歩道が日本の車道ぐらいはあり、天を衝く街路樹の影がさわやかだ。クライマックスは激しい夕立の後にやってきた。雲の間から突然ごう音が鳴り響き、水色と黄色のウクライナ国旗を曳いたプロペラ機が人々の頭上を幾度も旋回した。晴れの舞台だから、パイロットも得意になっているに違いない。くるくると見事に宙返りを演じて、群衆を魅了した。

暗くなると、オレンジ色のイルミネーションが一斉に灯されて、街の輪郭が美しく浮かび上がった。省エネルギー下ではあったが、この夜ばかりは様子が違った。長さ二㎞ぐらいの大通り全体がぎっしりと人で埋まっている。こんな光景は見たことがない。

やがて、独立広場の方から拍手と歓声が沸き上がった。自由ウクライナ軍の行進が始まったのだ。彼らが市民の前に登場するのは、これがはじめてだった。どの顔も、自信と誇りに満ちて勇ましい。人々は、真新しい軍服を着た若い将校たちを力一杯の拍手と

ベッサラフスキー市場前では，オーストリア企業によってオフィスビルの改修工事が始まっていた

歓呼で迎えた。もっとも、晴れのデビューにしては、行進は二個小隊の二〇〇人足らずの隊列であっけなく終わってしまい、人々の期待はいささか不完全燃焼気味でもあった。

いまもこの国で暮らすロシア人を刺激しないための配慮だったらしい。リエザネンコさんの奥さんのタマーラさんは、サンクトペテルブルク生まれのロシア人である。息子さんの国籍はウクライナにしたという。奥さんは毎日、ウクライナのテレビと同時にロシアのテレビのニュース番組を欠かさずに見るそうだ。ロシアでナショナリズムが高まることがタマーラさんには怖かったらしい。この国の独立は、そうした複雑な陰を国民生活に投げかけてもいた。大通りに架けられた横断幕は「自由ウクライナにとって大切な、国民の間の相互理解」と訴えていた。

四カ月の間には、外国人の姿もめっきり増えた。粗末な空港ではあるが、ウィーンやフランクフルトからだけでなく、ローマやパリ、ロンドン、遠くニューヨークからも直行便が入るようになり、毎日のように観光客やビジネスマンが訪れた。

また、夏頃には世界の一二〇以上の国々がウクライナを独立国として承認し、そのうち四〇以上の国々が大使館や領事館を開設した。経済協力の交渉も驚くほどの勢いで進められ、ポーランド、ドイツ、アメリカを中心に世界の三〇以上の国々との間で次々に合弁企業が設立されていた。

こうなると、ホテルや建物の確保がたいへんだ。当初は共産党時代のゲスト用ホテルをオフィスや住宅用に提供して凌げたが、これではとても足りないだろう。私が滞在していたホテルには、幼い頃に祖国を離れ、数十年ぶりに里帰りした北米移民がおおぜい泊まっていた。遠い日の記憶をたどるように、老人たちは静かにウクライナ語で語り合う。故国の復興に寄せるこの人々の善意で、街のあちこちで建物の補修工事が始まった。独立宣言後一年、この国は、日々新しく生まれ変わっていくようだった。

第4章

東へ西へ　ウクライナ地方周遊

肥沃な黒土地帯を真っ直ぐつき抜けるハイウェー

穀倉の大地を行く

ウクライナは五穀豊穣の国である。この国の農業の豊かさは、大地を車で走ってみないとわからない。キエフの市街を車で抜け出ると、そこは見渡す限りの穀物の海だった。播種面積は国土の五〇％以上、三二万㎢を優に超え、なんと日本の国土の大半が耕地に化けてしまう。また、黒土は文字どおり、漆黒の土だった。西部から南部に連なる丘陵地帯は広大で、見るからに肥沃そうに黒く光る土でどこまでも覆われていた。

穀倉の大地に都市が点在する。行政区画は二四州とクリミア共和国、キエフ市に分けられ、州都の多くが人口三〇万を超える。なかでも首都キエフの二六〇万人をはじめ、ハリコフ市、ドニエプロペトロフスク市、オデッサ市、ドネツク市など、一〇〇万人都市が五つもある。これらの都市を結ぶ道路網は発達し、よく整備されている。キエフから西ウクライナのリヴォフまでおよそ五五〇㎞の道のりを、おんぼろのヴォルガ(ロシア製の中型乗用車)で六時間足らずで走った。幾重にも重なるなだらかな起伏の丘を、片側二車線のハイウェーが真っ直ぐに延びていた。

半年間の滞在中、私はできるだけ機会をつくってキエフから国内各地へ足を延ばすことにしていた。ガソリン不足で飛行機が飛ばないこともあったので、時間の許す限り鉄道か乗用車を利用した。本章では、時間的には多少相前後することになるが、地方周遊と題してまず南の黒海沿岸へ、つぎに西部の国境地帯へ、そして再び南部から東部の国境地帯を回った旅の記録を綴りたいと思う。

五月に第一章の幕を開けた国づくりの記録に、あえてここで地方紀行を記すのには訳がある。言うまでもなく、ウクライナはロシアではない。だが同時に、実はウクライナでもない。ロシアから独立した後、皮肉にもこの国は国家としてのアイデンティティを失いかけているようにも見え、外に向けてはロシアと対峙する一方で、内なる構造的な脆さを問われてもいた。特に、国土の東部(ドンバス)と西部(ガリツィア)とでは、歴史的な背景と経済の構造が大きく異なるために国家として一つにまとまりにくい。他方、ウクライナ人以外の民族が多い地域では、反ウクライナへ向かう動きも始まっていた。ならば、ウクライナとは何か。

ロシアのルーツ

クリミアについて述べたいと思う。歴史的に、ウクライナはロシア人のアイデンティティにかかわる土地でもある。ロシアのルーツは、遠くキエフ・ルーシ(キエフ公国)にたどり着く。キエフ・ルーシとは、九世紀後半から一三世紀半ばにかけてキエフを中心に栄えたスラブ民族初の統一国家と、その時代を指す言葉である。しかし一二世紀になると衰退し、ウラディミル・スズダリ公国(北東部)、ノヴゴロド公国(北部)、ハーリチ・ヴォルニア公国(南西部)はじめ、ほとんど独立した諸公国の連合体と化す。そして一三世紀半ば、キエフ・ルーシがモンゴル帝国の支配を受けて没落すると、代わって台頭したのが、北のウラディミル・スズダリ公国から分かれたモスクワ公国にほかならない。

他方、一〇世紀末、東ローマ帝国からこの地に伝播されたギリシア正教は、モンゴルの侵略後、キエフからウラディミルを経てモスクワ公国に継承された。そして、ビザンティン帝国滅亡後の一四七二年、時の大帝イワン三世は最後のビザンティン皇帝コンスタンティヌス一一世の姪ソフィアを妃に迎え、ローマ皇帝の「双頭の鷲」を公国の紋章として採り入れた。これによって、モスクワはビザンティンの継承者、「第三のローマ」として全ロシアに君臨することになる。

同時に、このモスクワ＝第三のローマの思想は、モスクワが全ロシアを統一する過程で汎スラブ民族主義を形成し、やがて帝政ロシアによる東方政策のイデオロギー的な支柱となった。「コンスタンティノープルは早晩、ロシアのものとならねばならぬ」。一九世紀末、クリミア半島でヨーロッパ列強との激しい戦闘に敗れた後、ドストエフスキーは『作家の日記』の中でロシアによる東方政策の正当性を、こう力説した。そして時を移したいまでも、黒海に突き出たクリミアと要塞セヴァストポリは、ロシア人の魂の地として深く人々の胸に刻まれている。

クリミア独立問題

六月はじめ、東京から代表団が訪れた時、一行とともに週末をクリミア半島のヤルタで過ごした。ヤルタの名はチェーホフが避寒のために晩年の五年間を過ごしたところとして、またルーズベルト、チャーチル、スターリンが第二次大戦後の世界の勢力地図を決めたところとして広く知られている。

第二次大戦前までここにはタタール人が多く住み、ソ連の下でクリミア自治共和国を形成していたが、大戦中にドイツ軍に占領された。その時、独立への意欲が盛んなタタール人が、ドイツ軍に協力して独立のチャンスをうかがった。スターリンは烈火のごとく怒り、ドイツ軍を追い払うや否や対独協力のかどにより、タタール人を丸ごとシベリアや中央アジアに強制移住させた。これによってクリミア自治共和国は抹殺され、戦後はロシア共和国クリミア州となった。さらに一九五四年、ペレヤスラフ協定(一六五四年、ウクライナのコサック国家がポーランドと戦うため、同じ正教徒国であるモスクワに保護を求めて結んだ)締結三〇〇周年を記念して、同州は当時のフルシチョフ政権のもとで行政上、ロシア共和国からウクライナ共和国に編入された。フルシチョフ書記長がウクライナ生まれであったためとも言われている。

現在、クリミアの人口はおよそ三〇〇万人弱、そのうちロシア人は一七〇万人、ウクライナ人が八〇万人、タタール人が二〇万人、他はユダヤ人やギリシア人などである。ここではロシア人が多数民族で、ウクライナからの分離独立、あるいはロシアへの帰属変更をうかがう動きが出ている。そして、私たちが訪れた六月はじめには、月内にもウクライナからの独立の是非を問う住民投票が実施されるとも伝えられていた。ところが、空港に降り立ち、行政の中心であるシンフェロポリの目抜き通りを通っても、独立に向かう気配を感じさせる風景には出会わなかった。

他方、ウクライナ政府はロシア人の発言力を抑えるために、故郷への帰還を求めるタタール人の受け入れ政策を進めており、すでにその人口は二〇万人に増えていた。クリミアを故郷とするタタール人は中央アジアやトルコを中心に一〇〇万人近くもいるという。これらの人々をこの地に戻せば、ロシア人は多数派としての地位を失うことになろう。ヤルタへ向かう途中、バスの窓越しにタタール人の集落が見えた。丘の斜面や草原には新しい煉瓦がうずたかく積まれ、住宅の建設がそこここで始まっていた。

釈然としない気持でクリミアを去る日、同共和国対外経済委員会のシェルビナ委員長と会った。日曜日を返上しての会談だった。彼はウクライナ人である。だが彼の話によれば、「クリミアではほとんどの人がロシア語を話し、小学校の授業もロシア語でおこなわれるので、ウクライナ語のできない人が多い」。また、「ロシア人とウクライナ人とタタール人はうまくやってゆける。半島だからクリミア－ロシア人、クリミア－ウクライナ人、クリミア－タタール人である。民族対立はモスクワとキエフの問題だ」。そういうことを淡々と述べる。

クリミアはエネルギーと水に恵まれない。電力と水はウクライナの別の地域から、天然ガスはロシアから運ばれてくる。ちょうど私たちが訪れた時には、ロシアからのガス供給が細り、ヤルタの丘にある第二次大戦時の英雄を祀る慰霊灯に炎はなかった。他方、ウクライナはクリミアが独立すれば電力と水を止めるかもしれない。このように、クリミアは生活の基本資源をロシアとウクライナの双方に依存している。したがって、少なくともどちらかとは友好的でなければならず、両方を敵に回せば経済が成り立たない。だが元来ここでは、政治的には共産党を中心とする保守派が強いため、ウクライナからは独立したいが、だからといってエリツィンのロシアにも付きたくはないはずだ。

私は、クリミアの課題は独立ではないなと思った。本当の関心は、経済面での自治権をどれだけ獲得できるかということのようだった。対外経済委員会のシェルビナ委員長は次のように言う。「現在、クリミアは税収の七〇％、観光産業などによる外貨収入の九五％をウクライナ政府に納めている。また、これまでクリミアは財産権を持ったことがなく、利用権しか持てなかった」。事実、それから間もなくして財政の自治権を得ることでウクライナ政府との間に妥協が成立し、住民投票は延期された。

サーシャの嘆き　変貌するヤルタ

ロシアもウクライナもクリミアが欲しいのは、ヤルタがあるからではないか。そう思えるほどヤルタは素晴らしいところだった。ヤルタ会談の舞台となったニコライ二世のリヴァディア離宮は、海を見下ろす高台の斜面にあった。黒海は波がないかと思えるほどに静かで、透き通ったライトブルーが水平線いっぱいに拡がって実に美しい。

九一年にクリミアを訪れた外国人は二〇〇万人。そのうち四分の一がドイツから、続いてスウェーデン、アメリカ、フィンランドの順だ。これに旧ソ連から訪れた八〇〇万人を加えると、全部で一〇〇〇万人がここを訪れたことになる。

案内をしてくれたサーシャは、モスクワの外国語大学を卒業してインツーリストに入社した。すでに勤続二〇年になるベテランだ。彼は一二年前、新婚旅行でヤルタを訪れ、ここで一カ月を過ごしたとか。ところが、久しぶりにヤルタに来て、その寂れようにショックを受けたようだった。

当時、夏のヤルタはリゾート客で溢れていた。ホテルのレストランもバーも賑やかで、また海岸通りには屋台が並び、チョウザメの肉を焼く香ばしい煙がそこここで立ちのぼり、浜辺は人でごった返していたという。その頃は、普通の勤労者の月給が二〇〇ルーブルぐらいだったのに対して、ヤルタの高級ホテルが一泊五ルーブルで泊まれた。この程度の費用ならば、一〇泊してもそれほどの負担ではなかっただろう。もっとも、いつも満室だったから、申し込んでから一年ぐらいは待たなければならなかったそうだが……。

ところが、私たちが訪れた九二年の六月には、ホテルの部屋はガラ空きで浜辺も空いていた。ヤルタ・ホテルの宿泊料は一泊五〇〇ルーブルで、一〇年前に比べると一〇〇倍になっていた。これに対して、勤労者の月給はこの間に一〇倍ぐらいにしか上がっていない。また、レストランは一人につき数百ルーブル。日本人にとっては申し訳ないほどに安いが、これではまともな勤労者はヤルタに来られない。かつては全ソ連の人々の憧れのリゾートであったヤルタは、もはや彼らの行けるところではなくなり始めていたのである。

ヤルタは一般のロシア人には手の届かない保養地になった

それに代わって、これからは外国からいろいろな資本が入ってくるのだろう。すでにいくつかの大型ホテルが建設中で、そのうちのひとつはトルコとの合弁だった。温暖な山の斜面には旧ソ連共産党の大幹部の別荘が点在しているが、それらの一部は私企業が購入し、ホテルに建て替えているともいう。

その夜、私はホテルのレストランでサーシャと夜遅くまでウォッカを飲んだ。「二〇年間も一生懸命に働いて国のために尽くしてきたのに、いまでは生活の不安がいっぱいだ」。サーシャには、ソ連の良き時代が終わり、青春の思い出の地、ヤルタが遠く去っていくことが堪らなく寂しかったようだ。「これもみなゴルバチョフのせいだ」。以前は特権階級だけが贅沢を味わい、大衆はみな平等に暮らしていた。だが、いまはそれがかき混ぜられ、新しい貧富の差が自由に組成されようとしている。サーシャは、そのような弱肉強食の社会を恨んだのだろう。私は、それが国民の本当の気持かもしれないと思った。

ガリツィア――ヨーロッパとしての歴史

ガリツィアとは、ポーランドの南東部からリヴォフを中心とする西ウクライナの一帯を指す歴史的な呼称である。この一帯は、長くヨーロッパとともにあった。一四世紀半ば以来ポーランドに属し、一八世紀末の三次にわたるポーランド分割によってオーストリア領になりハプスブルク帝国に属したが、第一次大戦でハプスブルク帝国が崩壊した後は再びポーランド領となった。その後、第二次大戦後に分割され、これによってはじめてその東半分がソ連に併合されてウクライナ領になった。

他方、ザカルパチアとは、カルパチア山脈の向こう側という意味である。この地域の歴史もまた複雑で、ソ連領としての歴史はガリツィア同様に浅い。第一次大戦まではハンガリー領、その後第二次大戦前まではチェコスロバキア領、そして大戦中は再びハンガリー領となり、戦後ウクライナ領になった。つまり、これらの地域は歴史的に見ると、ソ連の一部であったことこそ仮の姿であり、ヨーロッパの国であることの方がむしろ自然なのである。

ガリツィアからザカルパチアを回ったのは、すでに秋の気配が漂う九月の初旬から中旬にかけての頃だった。リヴォフへは夏にも一度、飛行機で行ったことがあったが、この時はピリプチュクさんに頼んで最高会議のヴォルガを借りた。運転は、現地の事情に詳しいインツーリストのヴァロージャに頼んだ。

自動車で遠出をする時に困るのは、何といってもガソリンの確保だ。給油所はあっても肝心のガソリンがなかった。否、正確に言うと、店長が値上げを見込んで売り惜しんでいた。外貨を払えば容易に買えた。当時、キエフでは一リットル六〇セント。トランクには二〇リットル入りの大容器が一〇本、合計二〇〇リットルのガソリンが積んであった。これでどこまでたどり着けるか、足りなくなれば途中で手に入れるしかない。ヴォルガは重いトランクを引きずるようにして、早朝、まだ薄暗いうちにキエフを発った。

途中、西ウクライナの入口にあたるチェルノポリ州に入ると、沿道の村々に建つ真新しい教会が目を引いた。ウクライナ東方カトリック(ユニエイト)のそれであることは、丸屋根にそびえる十字架を見ればすぐにわかった。通常、ウクライナ正教会では十字架のどこかに飾りが施されているものだが、カトリックのそれにはない。ユニエイトは、元来はポーランド領下のガリツィアを中心に発展した民族宗教である。ソ連への併合と同時に禁止されたが、一九八九年にゴルバチョフ政権の下で合法化され、復活した。

古都リヴォフはドニエストル河の支流沿い、カルパチア山脈の北端の山懐にある。旧市街には、ヨーロッパの情趣が静かに息づいていた。石畳の細い路地を歩いていると、昨日までここがソ連だったとはとても思えない。路地を挟んで中層の建物が横に連なり、明らかにソ連のものとは様式の異なる建物の入口には、歴史的保存物指定のマークがあった。その前を路面電車が往き過ぎる。街のたたずまいはヨーロッパそのものだ。

東京大学教養学部の中井和夫助教授の研究によれば、ガリツィアを「ウクライナのピエモンテ」と呼んだのは、イギリスの歴史家アーノルド・トインビーであるという。ここがウクライナ人による反ロシア運動の出撃拠点になっていた事情を、イタリア独立統一時のピエモンテの役割に例えたものらしい。

歴史的にウクライナとロシアの国家同士の関係は、遠く三四〇年前のペレヤスラフ協定に遡るが(ロシアはウクライナとのペレヤスラフ協定締結後、ポーランドとの間でアンドルソヴォ条約を締結し、ドニエプル河右岸はポーランド、同左岸はロシアの主権を相互承認する)、古くは帝政ロシアの時代から、ウクライナ人によるナショナリズム運動は、その大半がこの地へ逃れた亡命者たちによって展開された。ロシアの弾圧が厳しくて、本国のウクライナでは活動することができなかったためだという。

独立を目指した三度の試み

ウクライナには、これまでに大きく分けて三度、ロシアからの独立を試みた経緯がある。まずロシア革命期、中央ラーダと呼ばれる民族派政権がキエフにできた。当時、中央ラーダ政府はソヴィエト・ロシアと絶縁して完全独立を宣言したが、独自軍を創設しようとしたことに対してボリシェビキ革命政府が反発し、激しい戦闘の末に完敗した。

他方、これと併行してガリツィアのウクライナ人は、西ウクライナのオーストリアからの独立を宣言してウクライナ本国との合同を追求した。しかし、ハプスブルク帝国崩壊後、ガリツィアの自国領への復帰を主張したポーランドに敗れて失敗した。当時、短命に終わった西ウクライナ人民共和国の首都となったのがリヴォフである。

さらに第二次大戦が始まると、再び独立を求める軍事行動が起こった。「ウパ」(UPA、ウクライナ蜂起軍あるいはパルチザン軍と呼ばれる)の蜂起である。「ウパ」はドイツ軍とともに西ウクライナに侵攻し、一九四一年にリヴォフで独立を宣言した。しかし、ドイツ軍にはウクライナを独立させる考えはなく、直轄領にする方針だったため、「ウパ」の指導者は根こそぎ逮捕されてしまう。

ドイツ軍の撤退後も、一九五二年から五三年頃まで、西ウクライナを中心に「ウパ」によるソ連からの独立戦争がおこなわれた。当時、ウクライナ共産党の第一書記長はフルシチョフであったが、彼に率いられたソ連の正規軍が西ウクライナに入ることができないほどに激しい戦闘だったという。しかし、これも五三年頃までには鎮圧されてしまう。ウクライナは第二次大戦後、国連にイニシャル・メンバーとして加わることになったが、これは独立運動を鎮静化させるためのスターリンの戦術だったとも言われている。

その後、独立を求める人々の思いはペレストロイカのもとで一九八九年に人民戦線「ルーフ」に結集し、九一年の八月政変後は、ソ連解体へ向かう大きな流れをリードすることになった。「ルーフ」のチョルノビル議長は、九一年一二月の大統領選挙ではクラフチュク大統領と戦って敗れはしたが、少し前まではリヴォフ州議会の議長を務め、いまなおこの地域のウクライナ人の間では英雄的な存在だ。

現在、ガリツィアにはおよそ四〇〇〇万人のウクライナ人が住んでいる。ヨーロッパに戻れることへの希望に支えられてか、街を行き交う人々の表情は明るい。科学アカデミー経済研究所のリヴォフ支所を訪問した。「この地域は一九四〇年代にウクライナに併合されたので、ビジネスに対する抵抗が少なく、企業経営を理解できる人材も多い。いくら給料を払ってもいいから、西側の経営コンサルタントを迎え入れてブルジョアジーを育てたい」。突然の停電で薄暗い部屋での会談ではあったが、ドリシュニー所長は明るい声で語った。

事実、経済的にもこの地域は、ロシアよりもポーランドやオーストリアなどとの関係の方がずっと太い。カラーテレビ・メーカーのエレクトロン社は、国内有数の優良企業のひとつである。もともとは旧ソ連の国営企業だが、九一年に株式会社として再スタートして成功した。傘下に販売子会社を持ち、国内外に四四カ所の営業所を構えている。アレクサンドロヴィチ社長の説明によれば、輸出比率は三〇％に上り、そのほとんどがポーランドをはじめとする東欧諸国向けだ。部品は、製品と交換でポーランド経由で輸入しているという。

週末にはポーランドへ買い出しに行く乗用車の列が後を絶たないと言われ、自由市場にはポーランド製やハンガリー製の衣類や靴などの日用品がずらりと並んでいた。また、キエフにもないような西側資本の入った高級ホテルがここにはあった。オーストリアとの合弁だった。

直接投資の動向(1993年1月1日時点)

登録件数	3,340
内，純外資企業(100% 外資)	130
投資総額(100万ドル)	900

出所：ウクライナ財務省資料

注1：国別には，ポーランド，USA，ドイツ，ブルガリア，ハンガリーの順.

注2：地域別には，ポーランド＝リヴォフ州，ボリン州．USA＝ドニエプロペトロフスク州，ドネツク州，オデッサ州．ハンガリー＝ザカルパチア州.

「民営化はリヴォフから着手したい」。私が西ウクライナへ出かけたいと告げた時、ピリプチュクさんは目を細めて嬉しそうにそう言った。私は、ウクライナ経済の資本主義化はガリツィアから始まるに違いないと確信した。

ザカルパチア――大ヨーロッパの臍《へそ》

ガソリンは、見つけたらすかさず買っておくのが遠出の鉄則だ。リヴォフ市街を出る時、給油所に乗用車の列ができていた。が、例によって「売り切れ」である。事務所に行ってかけ合うことにした。「外貨でどうだ」「わかった、いいガソリンがある」

一〇分後、店長がどこからかガソリンを積んで戻ってきた。「いいガソリン」と言った意味がわかった。ソ連の時代から、給油所には自家用車向けと国営企業のトラックやバス向けの二種類がある。どうやらこの店長は、国営企業専用の給油所から知人のコネを使ってこっそりくすねてきたらしい。一リットル二五セント、キエフよりもずっと安い。これは明らかに国家財産の横領だ。こうしてトラックやバスのガソリンが不足していくのだろうか。まさしく下部構造は上部構造を規定する。私は、ソ連経済の崩壊は起こるべくして起こったと思った。そして皮肉にも、その構造がいま、破綻した旧システムの亡骸《なきがら》の下で最もよく機能しているようだった。

リヴォフから一旦、南へ下り、カルパチア山脈を西へ越えてウジゴロドを目指す。リヴォフからおよそ二五〇㎞の距離である。標高一六〇〇ｍの峰々を越えると、そこはもう中・東欧の国々との国境に近い。峠越えのハイウェーはまさしく物流の動脈だ。ドイツ・ナンバーの大型トレーラーが峠を目指して登っていく。

トラックばかりではない。ハイウェーと並行して、シベリアから遠くヨーロッパへ延びる原油パイプラインも、まるで大蛇が地面を這うように峰々を越えていく。その名も「ドゥルージバ」(友好)。いまもヨーロッパの国々は、平均して原油需要の二〇％をシベリア産で賄っている。だが、これではその気になればいつでも破壊できそうだ。いまとなってみれば、ロシアはたいへんな弱みを晒すことになったものである。逆に言えば、それだけモスクワのウクライナへの信頼は絶大だったということか。あるいは、そもそも唯物史観では、社会主義ソ連邦の解体など絶対にあってはならないシナリオだったということでもあろうか。

広くてなだらかな山肌には牛や羊が伸びやかに群れ、見渡す限りの牧場は山麓まで拡がり、やがて豊かなぶどう畑に変わった。裾野を埋める住宅の造りは、ロシア的なそれとはすっかり異なっていた。赤い屋根に白壁の家々を見ていると、そこはもうヨーロッパだとつくづく思う。

ウジゴロドは国境の街だ。ウクライナは、このザカルパチアで北からポーランド、スロバキア、ハンガリー、ルーマニアの四カ国と国境を接している。交差点に来ると、プラハとブダペストへ抜ける道路標識があった。ウクライナ語と並んで、それぞれスロバキア語、ハンガリー語の二通りで表記されていた。

ザカルパチアの民族構成は、ウクライナ人が七八%、ハンガリー人一三%、ロシア人四%、その他五%である。だが、ここに住むウクライナ人の多くは自分たちのことを独自の民族ルーシン人だと考えており、ガリツィアを地盤とする人民戦線「ルーフ」とは一線を画していた。

州政府にスピゼンコ知事を訪ねた。驚いたことに、「ザカルパチアこそはヨーロッパの臍だ」と言う。どこまでをヨーロッパと考えてのことかは不明だが、この地方にはそのような石柱が一七本もあり、最も古いものは一八九八年に立てられたとか。どうやら、ルーシン人はヨーロッパの中心に住む民族であることを永く自負してきたようである。

ウクライナは、ここから八本の道路と四本の鉄道でヨーロッパと結ばれている。ソ連解体とともに、国境の往来がにわかに活発化した。九一年には、ヨーロッパ帰りの旧ソ連の人々を含めて一二〇〇万人がここを経由して旧ソ連へ入り、またいまでは毎日六〇〇〇台の自動車が国境を越えて入ってくる。

ところが、資金不足で国境のインフラ整備が追いつかない。翌朝、私はブダペストへ抜ける道路をさらに西進し、ハンガリーとの国境チョップを目指した。ウジゴロドから車で三〇分。大型トレーラーや、屋根にロープで荷物を縛りつけたバスや乗用車が、国境の税関に向かって延々と列を成して停まっていた。五㎞とも一〇㎞ともわからない。モスクワナンバーのトラックの運転手に声をかけると、すでに三日間もここで寝泊まりしているという。沿道の畑では、大型バスで買い出しに行く途中のロシア人やウクライナ人が、水筒の水で顔を洗ったりチーズやりんごを齧ったりなどしていた。

ルーシン人は、ザカルパチアを自由な一大交易拠点にしたいと夢見ているようだ。スピゼンコ知事の話では、ここを自由経済特別地域に指定する計画があるという。また、ここを経由して、近い将来、首都キエフが西欧や南欧の諸都市と高速ハイウェーで結ばれる計画もあるという。事実、ガリツィアからザカルパチアにいたる道すがら、道路工事がおこなわれている光景をしばしば見た。私には、経済が混乱する中で、道路の補修ではなく拡幅や新設工事がおこなわれていたことが意外であり、明日へつながる希望のように思われた。やがて、国境からキエフを経て黒海沿岸のオデッサ港まで高速ハイウエーが完成すれば、ルーシン人が単に地勢的な意味からばかりではなく、経済的にもヨーロッパの臍に暮らせる日が来ることもあながち夢ではないだろう。

その後は、再びカルパチア山脈を登ってガリツィアへ戻り、ドニエストル河沿いに南下してイヴァノフランコフスクに立ち寄った。そして、最後に北ブゴヴィナの古都チェルノフツィを訪ね、一路、キエフへ戻った。一週間をかけての、およそ二〇〇〇㎞の旅だった。途中、イヴァノフランコフスクでは石油企業を訪問する予定だったが、うっかり素通りしてしまったらしい。あとで思うと、たしかに畑の中にそれらしき設備と建物がいくつか見えた。だが、もしもそれがお目当ての石油企業だったとすれば、小さな井戸に鉄骨のやぐらが付いただけのなんとも寂しい限りの油井ではあった。

またこの間、私には電話が不便なのが何よりも困った。通信インフラの整備が遅れていたのは、おそらくモスクワの意図だったのだろう。国内を旅行して回ると、それがよくわかる。ロシア人が多く住む東ウクライナの工業都市では、たとえ見栄えは粗末なホテルであっても部屋からモスクワへダイヤルインで電話ができた。ところが、ナショナリズムの盛んな西ウクライナへ行くと、モスクワはおろか、首都キエフに電話することすらたいへん往生した。オペレーターに頼んでから一時間も二時間も電話のそばで待たねばならず、そのために行動が大きく制約された。旅行を終え、帰路、遠くにキエフの街の灯が見えた時には心からほっとした。キエフはさすがに一国の首都だと思う一方で、日本が本当に遠い国になったような気がした。

港町オデッサ——資本主義への新しい道

西ウクライナへの旅から戻って半月後、今度は黒海沿岸まで南下し、そこから北東へ移動して東ウクライナのドンバスを訪問した。東部の諸都市へは着任して間もない頃にも訪れた。だが、私にはその後の経済の実態と産業界の動向が気になっていたし、また滞在期間中にオデッサとニコラエフ、ドニエプロペトロフスクを視察することは、カメヌイさんとのかねてからの約束でもあった。これらの都市にはウクライナで最も優れた産業が集まっていると言って、彼はしきりに私に訪問を勧めていた。

黒海に面するオデッサは、ウクライナで最も自由で陽気な街だ。古くから穀物の積み出し港として発展してきた国際都市だけであって、民族構成も多彩である。ウクライナ人五四％、ロシア人二七％、ユダヤ人一三％、その他にドイツ人、ギリシア人、ブルガリア人などが六％を占める。ドイツ人の多くは、一八世紀後半にエカテリーナ二世によって招かれた人々の子孫だ。郊外のリュスドルフ村で野菜やぶどうを栽培している。

また、商業都市らしく反政府指向も旺盛で、血の日曜日事件で知られる一九〇五年のロシア第一革命時には、黒海艦隊の戦艦ポチョムキン号で水兵が反乱を起こし、市民と交歓して帝政末期のロシア政府を慄然とさせた。後に、この事件はエイゼンシュテイン監督によって映画化されたが、「モンタージュ」の名で知られる衝撃的なその技法は世界中の映画人を魅了し、ロケがおこなわれたオデッサの階段は一躍、映画史上に残る名シーンになった。

海の男たちはビールが大好きだ。中心街のデリバーソフスカヤ通りに面する建物の地階に、ビアホール「ガンブリーヌス」があった。洞窟のような暗いホールは満員で、奥のステージではユダヤ人のバイオリン弾きがタンゴを演奏していた。曲目は「青空」だった。ビールは生温かいうえに色が黄色くくすんでいてとてもうまいとは言えなかったが、ホールは酔いどれたちの賑やかな解放感で溢れていた。

「ネップ（ソ連で内戦直後に実施された新経済政策）の頃もそうだった。あの頃は街のカフェやレストランには必ずと言ってよいほどにバイオリン弾きがいて、こうしてタンゴに酔う光景がそこここで見られたものだ」。ペレストロイカが始まると、街角にバイオリン弾きが復活した。「ならばいまもネップか。来年もこの店は開いていると思うか」。私が訊ねると、バイオリン弾きは「明日は明日だ」と言って陽気に笑い飛ばした。

ロンドン通りに面するフランスホテルの一階に、表通りに面してテラス風の洒落たカフェがあった。そこで、市場問題経済調査研究所のブルキンスキー所長と会談した。外貨ショップだが、隣のテーブルでは若いカップルが気持よさそうにドイツビールのジョッキを傾けている。

「オデッサ市民はなかなかの金持ちだ。われわれの調査によると、この地域だけで二〇億ドルぐらいの外貨ストックがあるはずだ」。外国船の船員が陸に上がって外貨を落としていくのに加えて、貿易をめぐるさまざまな利権がこの都市に大きな資本蓄積をもたらしたものらしい。

私が訪ねた時、ブルキンスキー所長は大オデッサ経済特区構想づくりに取り組んでいた。オデッサは、海上と鉄道、陸上、河川輸送の交差点だ。同時に、西の隣には良港イリチョフスクがあり、さらにその先のドナウ河口にはイズマイル港も控えている。つまり、オデッサは単にウクライナ一国の海の玄関であるばかりでなく、遠く東は陸路モスクワを、西はドナウ河を遡ってはるかにヨーロッパを後背地とする物流の要衝でもある。

他方、黒海を囲む沿岸諸国相互の経済協力は、これからいっそう発展するだろう。トルコはこの地域の経済協力に熱心で、黒海の盟主として主導権を取りたいと狙っている。また、ウクライナも石油の輸入相手国を多様化するために、まずイランとの関係を強めたい考えだ。ザカルパチアが西の国境の物流拠点を目指すならば、オデッサは南の海の玄関を目指す。おそらくブルキンスキー所長の脳裏には、モスクワとベルリンを等距離に結ぶ大欧州の物流拠点としてオデッサの将来ビジョンが描かれているに違いない。

このように、ウクライナでは資本が首都キエフ一点に集中するのではなく、国内のあちこちで自生的に蓄積され、拠点ごとに資本主義への模索が始まろうとしていた。しかも、私は、それがソ連という強烈な中央集権システムが消滅した後に現れたという点に注目したいと思う。周知のように、一七世紀のイギリスに代表される近代資本主義の発展は、三角貿易や奴隷貿易とともに始まった。他方、日本をはじめとする後発のアジア諸国の資本主義化は、徹底した中央集権体制のもとでおこなわれた農村からの収奪が基盤になった。私は、この新興国が市場経済へ向かうプロセスの中に、欧米やアジア諸国の経済発展とは異なる、新しいタイプの資本主義化の可能性を見る思いがした。

ドンバス——鉄の男たちの苦境

季節は、早一〇月半ばになろうとしていた。文字どおり、黄金の秋である。沿道には、近隣のコルホーズ農家がりんごやじゃがいもを売る店が点々と並んでいた。店と言っても、地面に直に広げた薄布やちょっとした台の上にそれらを並べてあるだけだ。また休憩所では、シャシリクを売っていた。牛や豚、羊の肉を串に刺して炭火で燻ったもので、この国ならではの秋の風物だ。一串二〇〇カルボヴァーニェツ、当時のレートで換算すると約七〇円。これは実にうまかった。

途中、黒海沿岸のニコラエフで黒海造船所を訪問し、一路ドンバスを目指した。この出張もヴァロージャに案内してもらったが、今度は彼の〝ニッサン・ローレル〟で出かけた。すでに九万km以上も走った中古車である。電気系統の異常を知らせる警告サインがついたままで、無事に目的地にたどり着けるかどうか心配でならなかったが、ヴァロージャに言わせると、紛れもない「新車」なのだった。

驚いたことに、彼の説によれば、この社会では乗用車は二五万km走って最初の車検に出し、その後さらに二〇万km、したがって四五万kmまで乗り尽くして棄てられるのだという。つまり、メンテナンスの考え方がない。これを聞いて、私はこの国で原発が使われていることの怖さをあらためて痛感した。しかも、冬場のエネルギー需要を賄うために、チェルノブイリ原子力発電所が運転を再開していた。たしかにエネルギー不足は深刻そうだった。すでに日が短くなっていたので、移動は時には夜になることもあった。しかし、省エネのために街路灯が消えており、真っ暗な夜のハイウェーを行くことは本当に怖かった。

ドンバスは鉄の男たちの街だ。帝政ロシア時代以来、この地方にはドネツ炭田の石炭とクリヴォイログの鉄鉱石を活用して鉄鋼業が興り、ドニエプル河の中流域に突出した一大重工業地帯が形成された。さらにソ連時代には工業化がますます進み、旧ソ連有数の軍需産業コンビナートに発展した。そして、そこで働く人々はロシア人、ウクライナ人であるとを問わず、モスクワから手厚い保護を受けてきた。その背景には、ソ連が絶頂を極めた一九五〇年代半ばから八〇年代はじめにかけて、フルシチョフとブレジネフという旧ソ連共産党の二人の書記長が相次いで東ウクライナから選ばれたという事情もあっただろう。つまり、ドンバスは、いわば〝角栄の新潟〟だったとでも言えようか。

ところが、ソ連が解体して冷戦が終わると環境は一変した。まず、主要産業のひとつである鉄鋼業は、ロシアへの輸出が難しくなったために大きな在庫を抱え込み、その捌け口を求めていた。すでに述べたように、旧ソ連は世界第一の鉄鋼生産国であったが、その三五％をウクライナが担い、圧延鋼の四〇％、鋼管の七〇％はロシア向けであった。そのうえ、設備は五〇年代に導入されたものがいまなお現役で使われている有様で、近代化が遅れている点が多く指摘されている。実際、環境汚染は予想以上にひどかった。ドンバスの都市が近づくと、前方の空が濃い赤紫色に染まっているのがくっきりと見えた。むろん、夕焼けではない。製鉄所の煙突から溢れ出るガスが、その一画だけをすっぽりと覆っていたのである。市内に入るや否や強い刺激臭が喉を突き、また目が痛くてとても窓を開けたままでは走れなかった。

他方、設備を更新し、競争力を付けるためには輸出が欠かせないが、企業には貿易の経験がないためにゼロからの市場開拓は容易ではない。「われわれには西側のマーケット情報を収集するネットワークがない。旧ソ連の西側諸国への出先機関である通商代表部をロシアが継承したために、ウクライナは貿易をおこなうための手足をもぎ取られてしまった。そのため、九一年の旧ソ連以外への輸出は、鉄鋼生産高の七%にも満たなかった」。ドネツクにある科学アカデミー産業経済研究所のチュマチェンコ所長は、産業界の悩みを滔々と説明してくれた。

鉄鋼が余ったのは、兵器向けの需要が消えたためでもある。ウクライナには東部を中心に七〇〇以上の軍需工場がある。ここでもロシアとの関係が細り、兵器の注文が途絶えた。ドニエプロペトロフスクで「機械組み立て工場」を訪問した。旧ソ連では、兵器工場は実態を覆い隠すために、普通みな一様にそのように称されている。ここは軍用の通信システムを製造するハイテク企業で、正門を入る時には二重の厳しい検問があったが、工場内は閑散として労働者はみな暇そうだった。

別の生産ラインへ行くと、そこでは民需向けの電話交換機を製造していた。大きな作業スペースは蛍光灯で明るく照らされ、その下でおおぜいの若い女性たちが机に向かって行儀よく作業をしていた。間仕切りの代わりに鉢植えの樹木が並んでもいた。見れば、一〇cm四方ぐらいの小さな基盤の上に、女性たちがハンダごてでひとつひとつ配線しているではないか。「プリント配線技術はないのか」と質問すると、「自動化設備を導入すれば借金が溜まるだけなので、われわれにはこの方が安上がりだ」。グセフ副工場長はこう答えた。

もっとも、この工場は軍民転換の先駆けとなる優良工場のひとつだった。現実には、ソ連解体後、これらの軍需工場の多くはロシアのそれよりいっそう厳しく追い詰められていたに違いない。ロシアがソ連を崩壊させた時、ロシアでは旧ソ連軍の大半を引き継ぐ形で軍の支持を取り付けざるを得なかったために、軍と一体の軍需産業も複合体として温存された。だが、ウクライナでは事情が異なる。ロシアから離れた結果、この国ではモスクワを頂点とする軍と産業界との一体性が制度的に断たれた。しかも、もともとウクライナ国民の間では旧ソ連軍を維持するために巨額の税金を支払わされてきたという被害者意識が強かったため、不釣り合いな軍需産業は無用の長物になった。独立後のウクライナ指導部が、経済改革の柱として外資導入に力を注ぎ、民営化を強調した理由のひとつもここにある。議会のナショナリストたちは、軍需工場のM＆A（企業の合併・買収）すらも言い出しかねない雰囲気だった。

最もロシア化が進んだ地域

一方、東ウクライナの人々と話をしていると、ロシアと国境で画するという事態にいまひとつ現実味が感じられなかった。ドンバスはウクライナの中でロシア化が最も進んだ地域である。ドネツクとルガンスクのふたつの州からなるが、ドネツクでは人口の四四％、またルガンスクでは四五％がロシア人だ。

したがって、九一年の国民投票では、これらのロシア人の多くがウクライナ人とともに独立への支持を表明したとはいえ、現実にはウクライナの独立運動はこの地域では必ずしも強い支持を得てきた訳ではなかった。むしろ、チュマチェンコ所長の説明によれば、この地域ではウクライナの連邦化と、そのなかでのドンバスの自治、ロシア語を母国語とすることなどが求められていたという。

一国が独立するということは、政治的にも経済的にも他国による束縛や支配を受けないということである。むろん、有事には国境に軍隊を配備してでも主権を守り抜くという強い覚悟が必要だ。また、経済的には中央銀行制度と独自の通貨を持ち、その発行を管理して国民経済を運営するということだ。同時に、富の流出を防ぎ、外国の影響を排除して経済を運営することができるよう、国境の税関制度をしっかりと確立するということでもある。独立するとはそういうことなのだろう。

私は、どうしてもロシアとの国境を見てみたいと思い、その足で一路、ハリコフ近郊にある国境地帯を目指した。小雪が散らつき、凍てつくように冷たい午後だった。はたしてこの国は、ロシアを本当の意味での外国にしてしまうことができるだろうか。そこで見た光景については、第6章で報告することにしよう。

第5章

経済の安定化を目指して――ウクライナの悩みと楽観

旧市街の商業銀行のひとつ，パルコム銀行
(パソコン銀行の意味)

エリツィン大統領の訪日延期

秋が駆け足でやってきた。旧ソ連に、統一的な金融当局、財政当局は成立しなかった。すでに六月末、黒海沿岸のソチで開かれたロシアとの首脳会談の席上、ウクライナが独自通貨を発行することが両国の間で確認されていた。そして夏以降、ウクライナの銀行からルーブルはまったく出てこなくなり、給料はみなクーポンで支給されるようになっていた。

これに対してロシアでは、ルーブルのロシア化が始まっていた。八月にロシアが発行した新しいルーブル硬貨は、ウクライナには回ってこなかった。ロシアではルーブル硬貨は一、五、一〇、二〇、五〇、一〇〇ルーブルの六種類が発行され、これにともなって一九六一年以来使われてきた同じ額面の古い紙幣は回収されることになった。通貨政策の違いをめぐって、ソ連の解体は新しい局面を迎えつつあるようだった。舞台を再びウクライナ最高会議の経済改革管理委員会に戻すことにしよう。

問題は、いかにしてクーポンを新通貨「フリブナ」へつなぎ、ロシアの金融政策のくびきから逃れるか、であった。ウクライナ独自の通貨を発行し、経済を安定化の道に導くためには、まずマネーサプライを管理するための中央銀行制度の整備が必要だ。通貨の国際的な信認を支えるための為替安定化基金なども必要だろう。さらに、ウクライナ国内に流通するルーブルの回収と貿易決済の方法などについてロシアとの合意もなければならないが、これらはどれも大きな問題で、そう簡単に条件が整うとは考えにくい。だが、もっと基本的な悩みもあった。

九月一〇日。早朝、私は東京の勤務先からの国際電話で起こされた。一三日から予定されていたエリツィン大統領の訪日が突然、延期になったという。モスクワでなんらかの異変が起こりつつあるのではないか。私は前日、夜遅く西ウクライナへの出張から戻ったばかりでもあった。モスクワの知人に電話で様子を聞いてみようかと、眠気の覚めやらない頭であれこれと思いめぐらせていた矢先に、今度はピリプチュクさんから電話があった。ロシア情勢について私の意見を聞きたいと言う。こんなことは着任して以来はじめてだ。

執務室では、すでにピリプチュクさんが待っていた。私は、七月のはじめにモスクワへ出張した時の所感を踏まえて、「ロシアではショック療法に対する産業界の反発が相当に激しくなっており、この度のエリツィン大統領の訪日中止は、経済改革の進め方をめぐる政権内部のせめぎあいの結果と見るべきではないか」と述べた。そして、「ロシアでの産業界の巻き返しは、ウクライナのそれとも連動しているのではないかと思う」と付け加えた。事実、すでに述べたように、六月末にハリコフで両国の企業家同盟による合同会議が開かれ、両国間の貿易の正常化と民営化の先送りなどを要求していた。そして、それと呼応するかのように、ウクライナでは独立以来、改革の顔として市場経済への政策をリードしてきたラナボイ第一副首相が解任されると同時に、大統領直属の諮問機関として新しく企業家評議会が設けられ、政府の経済政策に直接影響力を行使していこうとする動きが始まってもいた。

ピリプチュクさんはただ頷きながら聞いているだけで、私の意見に対して特にコメントはしなかった。激務が続いていたためか、とても疲れている様子だった。

「紙幣が足りないのだ」

しかし、実はその日、ピリプチュクさんが私を呼び出したのには他にも理由があった。少し間をおいて、彼は話題を変えた。「紙幣の印刷設備を日本企業から買うといくらぐらいかかるだろうか。欧米企業から見積もりを取ったが、高くてとても買えない。紙の製造工程から一貫設備として購入したいのだが……」

私は驚いた。フリブナの印刷はすでにカナダに委託済みであり、ひと月後にもウクライナ国立銀行の金庫に搬入される手筈になっていた。したがって、当面の対応としては、通貨の国際的な信認という問題を抜きにすれば発行自体はすぐにも可能なはずだ。それなのに、いまになって印刷設備の見積もりにこだわるとは、これは一体どういうことだろうか。

「なぜですか」と、私は率直に訊ねた。「紙幣が足りないのだ。これからロシアが原油価格を引き上げるとわが国のインフレはますます激しくなり、この時期に新通貨を導入すれば、通貨の安定どころか、輸入ではとても間に合わず、すぐに紙幣が足りなくなってしまう。したがって、この技術的な問題が解決されない限りフリブナは導入できない」

この言葉を聞いて、私は着任してまだ間もない頃に垣間見たシヴォルスキーさんの苦渋に満ちた表情を思い出した。紙幣の不足については、この国の指導者はすでにクーポンを導入した時に、実に苦い思いを味わっていた。新年早々、ロシアが価格自由化に踏み切ったことへの対抗措置として、ウクライナは拙速にもクーポンを発行せざるを得なかった。しかし、激しいインフレになったために発行すると同時にクーポンが足りなくなり、そのために通貨政策の舵取りが大混乱をきたした。この国の指導者は、同じ轍を二度も踏むわけにはいかなかった。もっとも、印刷能力が足りないのであれば単位を変えれば済むのではないか、という素朴な疑問も残ったが……。

だがそれはともかく、私は早速、兼松のキエフ事務所に電話をして内堀学所長に相談した。内堀さんは当時、私以外にはキエフに住む唯一無二の日本人ビジネスマンで、日頃の苦労を理解し合える良き戦友だった。むろん、ふたつ返事で協力を約束してくれた。

造幣局をどう建設するかという問題は残っていたが、新通貨「フリブナ」を発行するための環境は着々と整いつつあるようだった。

幸いにも、秋の収穫は順調だった。すでに九月七日の時点で収穫作業はほぼ終了し、脱穀もほとんど済んでいた。独立を果たした一九九一年には、農業は干ばつによって手痛い打撃を受け、穀物の生産高は三九〇〇万トンを割り込んだ。この水準は、八六年から九〇年にいたる五年間の年平均生産高に比べて一八%も少なかった。しかし、九二年には春先の慈雨と夏場の好天に恵まれて、生産高は四四〇〇万トン水準まで回復しそうだ。この分だと、経済にも良い影響を与えるに違いない。

また、秋になると、国内の銀行制度が少しずつ形を整え始めた。ウクライナ国立銀行と地方銀行とがオンラインで結ばれ、さらに年内にもカナダから新しいコンピューターが導入されて稼働することも決まった。これで、マルコフさんの苦労もいくらか軽減されそうだ。

もっとも、銀行制度について私の印象を付け加えると、ウクライナには商業銀行が一三〇行ぐらいあったが、銀行とは名ばかりで、業務内容はどれも金融業者に近かった。また、経営はトップ人事を含めて国営時代からのそれがそっくりそのまま引き継がれているケースが大半で、西側の都市銀行に見られるような近代的な経営方式への転換はほとんど進んでいなかった。

むろん、中にはそれとはいささか趣の異なる、いわば起業家的な金融業者もあるにはあった。だが、その場合には、経営者はもともと銀行マンになるよりも映画俳優になった方がピッタリするような、蝶ネクタイを締めた格好のいいビジネスマンであることが多かった。つまり、他人のお金を預かって仕事をしているのだという自覚とは、およそ縁のなさそうな連中ばかりであり、彼らにとって、銀行マンは資本主義を代表するスーパーエリートとして映っているようだった。私から見ると、どうも基本的な誤解があるとしか思えない。

だが、ピリプチュクさんは、すでに新通貨の発行へ向けて大きな一歩を踏み出す決意を固めているようだった。最高会議の再開を数日後に控えて、ピリプチュク委員会では連日のようにミーティングが開かれた。「フリブナ導入の条件が整うまでの暫定的な措置として、一〇月一日からは現金だけでなく、銀行間の為替送金による支払いもカルボヴァーニェツでおこなうよう、大統領に提案したい」。つまり、これが決まれば、ウクライナは事実上、カルボヴァーニェツという自分たちの通貨を持つことになり、国民経済の主権を確立することができるだろう。バラバシュさんをはじめ、委員会のメンバーはみな張り切っていた。

学生たちの無期限ハンスト

九月一五日。長い夏休みが明け、最高会議の第六会期がスタートした。改革が一向に前進せず、経済はますます混迷するなかで、政治的な緊張のみが高まりつつあった。独立広場では、学生たちが全国から集まってテントを張り、フォーキン内閣の総辞職とCISからの脱退を要求して、無期限ハンガー・ストライキに入った。

だが、クラフチュク大統領の所信表明演説と、ラナボイ氏の後を継いだシモネンコ第一副首相の危機打開プログラムは、準備が間に合わなかったために一〇日後に延期された。大統領は出席せず、なんだか気の抜けた幕開けになった。ピリプチュクさんやバラバシュさんたちの意気込みも空振りに終わったようだ。

私は、議会の模様をラジオの実況中継で聴いた。学生たちの怒りをよそに、実に平和でのどかな討議だった。どうやら、交通事故対策について議論しているらしい。「右ハンドル車を禁止するべきだ」。法案の提出者は、事故が多いのは右ハンドルのせいだと主張した。おそらく彼は、日本から中古車を輸入してボロ儲けしているブローカーたちをやり込めたかったのだろう。統計的な裏付けがあるわけではないらしい。例によって、間髪入れずに反論が出た。「そんな決定を下せば、オデッサ港に陸揚げされている二〇〇〇台の日本車が最高会議に列を成して押しかけてくると思うが、それでもいいか」。そこで、三人目の発言者が仲裁に入った。「ならばいっそのこと、ハンドルを真ん中に変えてみてはどうか」。こんな議論が一時間以上にもわたって延々と続いた。無邪気としか言いようがない。たしかに議会制度そのものが未熟なことも、この若い独立国の現実ではあった。だが、これならばクラフチュク大統領も安泰でいられるはずだと私は思った。

ラジオで聴いている限り、最高会議が学生たちの声に耳を貸す気があるようには思えなかった。二年の歳月が議員たちを変えていた。私は独立広場へ行ってみた。

流血の反政府行動　翳る大統領への支持

実は、学生たちはちょうど二年前のこの頃にも、この日と同じようにハンガー・ストライキに打って出た。ソ連末期の当時、ウクライナ共和国最高会議の第二会期(第一会期は九一年八月の独立宣言直後に開かれた)を控えて国内の政治状況はにわかに急進化していた。九〇年一〇月二日、学生たちは当時のマソル共和国首相の退陣、兵役のウクライナ領内への限定、新連邦条約の調印拒否、共産党およびコムソモール(ソ連共産党の青年組織)資産の没収、最高会議の改選など五項目を要求してテントに立て籠もった。それは、政府にとっても最高会議にとってもはじめて眼にする民主主義の光景だった。彼らはグラスノスチ(言論の自由と情報の公開)の迫力にみな一様にうろたえ、忽然として現れた断食学生の列にただただ戸惑うばかりだったという。結局、一〇月一七日、最高会議は学生たちの要求を聞き入れて、新憲法を制定するまでは新連邦条約に調印しないことなどを決議した。そして、マソル首相はこの決議の直後に辞任し、代わってフォーキン氏が首相となった。

だが、それから二年が過ぎ、学生たちの怒りの純粋さは少しも変わらなかったが、最高会議はすっかり変わっていた。いまでは議員はみなジグリやラーダ(ロシア製の小型乗用車)といったマイカーを支給され、あるいは地方の出身者には新しい住宅があてがわれ、首都キエフでの心地よい議員生活にすっかり馴染んでいる。そういう彼らに、学生たちの怒りを真剣に受け止め、身を張って大統領や政府に退陣を迫るような真摯な行為を期待しても無駄だった。むろん、それはピリプチュク委員会のメンバーといえども同じだ。立て看板に、マイカーをもらった議員リストが貼り出されていた。私が知る名前もそこにあった。クラフチュク大統領にしてみれば、民主派や改革派を標榜する若い議員たちを手なずけることぐらい訳もないことだったのだろう。私には、学生たちの断食は痛ましくも虚しい行為のように思われた。

が、事態は意外な展開を見せた。九月一七日、学生たちのハンガー・ストライキに呼応して、市民が最高会議前広場で集会とデモ行進をおこない、警官隊と衝突して流血の惨事に発展したのである。それは、私がキエフにきてから目撃したうちで、最も激しい反政府行動だった。一時は、最高会議から閣僚会議へ通じる大通りが半ば騒乱状態になった。

しかもこの日、私はプラカードが糾弾する指導者の名前を見てしばし目を疑った。紛れもなく、そこにはクラフチュク大統領自身がはっきりと名指しで批判されているではないか。私が知る限りでは、これまではフォーキン首相が世論によって批判されることはあっても、クラフチュク大統領が反政府運動の矢面に立たされることはついぞなかった。大統領の指導力に翳りが差したということか。

九月二二日。情報通のイーゴリ君が執務室にやってきた。「いよいよフォーキン首相が辞任するらしい」。この数カ月間、彼の辞任説は幾度となく流れていたが、今度ばかりは大統領も庇《かば》いきれなくなったものと見える。放っておけば政権の危機に発展しかねない。

偽造クーポンと外貨不足

一方、この日、私は懸案の造幣プラントの件で、兼松の内堀さんを経済改革管理委員会に案内してピリプチュクさんと会談した。さすがに日本の総合商社の対応は実に手際がよかった。造幣設備の分厚いカタログを示しながら、内堀さんはていねいに説明した。「印刷機だけでおよそ一億ドル、紙の製造工程まで含めるとざっと四億ドルぐらいはかかります」

カタログは英語で書かれていた。ピリプチュクさんは英語が苦手だったのでカラー写真を目で追った。どことなく、これまでにも同じような写真を見たことがあるという顔つきだ。後日、マルコフさんから聞いたことだが、私たちがプレゼンテーションをする以前に、イギリス企業を通じて日本の印刷技術がウクライナ政府に紹介されていたらしい。おそらく、ピリプチュクさんはそれを見ていたのだろう。紙幣の印刷とその設備の購入については、すでにカナダ以外にも、中国、イタリア、ドイツ、イギリスなどの企業との間でも交渉が進んでいた。だが、日本は紙幣の印刷技術では世界でもトップクラスの地位を占めている。

「偽造を防ぐためのノウハウを供与してもらうことはできないか」。やはり……、と私は思った。ウクライナ政府が印刷設備の導入にこだわっていたのは、何も紙幣の不足のためばかりではなかった。偽造である。なんと早くも一〇〇〇カルボヴァーニェツ・クーポンの贋札が大量に出回り始めていた。起こるべくして起こったというべきか。クーポンといえども事実上の現金だ。通貨の発行と管理こそは経済主権の命である。偽造を防ぐ手段を講じなければならなかったが、その見極めが甘かった。

唐突な質問に、さすがの内堀さんも度肝を抜かれた様子だ。「国家機密だからできないと思う」

そこで、ピリプチュクさん一流のあくの強い弁舌が始まった。「日本はなぜロシアにばかり関心を持つのか。ウクライナと日本の間には領土問題は存在しない。また、領土問題でわれわれ両国は同じ立場にある。お互いがばらばらであればロシアに敗けてしまう。ウクライナ国民の九五％は日本の立場を支持している。残念ながら政府はそれを表明しない。なぜか。クリミアやドンバスなど、われわれ自身もロシアとの間に領土問題を抱えているからだ」

ピリプチュクさんは、日本をはじめ西側諸国がロシアにばかり注目していることを、かねてから恨めしく思っていた。そこで、エリツィン大統領の訪日が直前になって取り止めになったのを知ると、日本の世論の反発を期待し、日本の視線をウクライナに向かせる絶好の機会がやってきたとでも考えたのだろう。おそらく、一〇日の早朝、私を電話で委員会に呼び出したのもそのような思いがあったからに違いない。そして、クラフチュク大統領が直ちに日本の立場への支持を表明しないことを内心では歯がゆく感じていたのだろう。ピリプチュクさんの言葉にはそういうニュアンスがあった。

他方、ウクライナ政府にとって、クーポンの偽造はたしかに頭の痛い問題だった。かつて第二次大戦中のイギリスで、経済の攪乱《かくらん》を狙ったポンド札の偽造事件が起きたことは広く知られている。ナチスのR・ハイドリヒの試みた贋札の大量流布、H・ヒムラーが指揮をとってイギリス内外に贋札をばらまこうとしたアンドレアス計画などがそれだが、幸いにも大がかりな計画は未遂に終わった。

これに対してウクライナでは、皮肉にも激しいインフレに対応するために次々と高額クーポンが発行されたため、贋札が準備できた頃にはカラーコピー代にも値しないような有様で、いまのところ経済への影響は無視できるほどで済んでいた。偽造犯泣かせの激しいインフレだったのである。通常、通貨の偽造は経済が安定していればこそ意味がある。よりにもよってウクライナをターゲットにするとは、偽造犯もよほど窮していたに違いない。後日、私はこの贋クーポン事件について知り合いのジャーナリストに調査してみてはどうかと提案した。ポーランド経由とロシア経由の二つのルートから流入したものらしい。しかし、組織と狙いは不明だった。

いずれにせよ、高度な印刷技術を備えた自前の造幣局は欠かせなかった。ところが、ウクライナ経済を回していくのに必要な印刷設備を買えるだけの大金は、この国にはない。マルコフさんの説明によれば、七月一日時点で五億二〇〇〇万ドルが輸出税として国庫に入るはずだった。だが、当時はまだ外貨管理法もなく、企業は輸出税をまともに納めなかったために、国庫への輸出税収入はわずか二八〇〇万ドルに過ぎなかった。しかも、そのうち一七〇〇万ドルは中央銀行の経費として使われ、六〇〇万ドルは西側諸国との間にクレジット・ラインを開くために使われた。つまり、外貨準備はほとんどゼロに等しい。他方、旧ソ連時代の外貨資産はすべてモスクワで凍結され、ウクライナの資産としては残らなかった。むろん、これではフリブナを発行したとしても、とても国際的な信認を支えきれるものではない。

ＩＭＦの急進改革路線には従えない

新通貨の国際的な信認をどう確立していけばよいか、これは最大の難問だった。ひとつの選択肢は、ロシアのように国際機関から通貨安定化基金として金融支援を仰ぐことだ。そこで、政府は九二年四月に「ウクライナの経済改革と政策に関するプログラム」をまとめ、ＩＭＦに提出して受理された。だが、残念ながらキエフを訪れる西側エコノミストの印象を聞く限りでは、ウクライナの場合はそれを期待できそうになかった。国際機関はショック療法の勧めに従わないこの国を、「旧共産党の官僚たちが支配する保守的な国」とみなし、支援には消極的なようだった。ことに七月はじめ、改革の顔としてその後の交渉にあたってきたラナボイ第一副首相が解任されて以来、この国は西側エコノミストの間ですっかり評判を落としていた。

たしかにウクライナでは市場経済を理解しない古い人々が政府を指導しているために、見方によっては行政指導がともすれば指令体制への復帰そのものを目的としたものに受け取られがちな側面もあっただろう。また事実、指導者の中には人気取りのためだけに国民に対していい顔をするが、ひと皮めくれば旧態依然たる行政官僚としての顔が見え隠れし、できることなら構造転換を阻みたいと考えている人々も多く存在した。

だが、ソ連解体後、ロシアと違ってウクライナは、改革どころか、まず国民経済のかたちを整えることから始めなければならなかった。この事情を理解すると、私にはこの国がマネタリズムに基づく急進的な改革路線ではなく、さまざまな規制を残し、旧体制からの継続性を踏まえた漸進的な政策に頼らざるを得ないのは当たり前のことで、むしろ地に足がついた動きのようにさえ思われた。

たとえば、生産を上向かせようとすれば、長い移行期間を設けて、その間は依然として経済の根幹を成している国営大企業に頼らざるを得なかった。これは民営化のペース、形態、方法などにも自ずと影響を与えざるを得ない。また、税制も確立されておらず、しかもそれ以前の問題として徴税システムそのものがまともに機能せず、国の歳入が確保できるかどうかも定かでないというのに、マネタリズムの理論を杓子定規に適用して、ただただ呪文のように財政赤字を減らせとだけ強く迫られるというのでは、政府はいったいどのように財政をやり繰りしていけばよいのだろう。

したがって、政府や議会のエコノミストの多くは、ＩＭＦが支援の条件として示した処方箋にははじめから反対の立場をとり、フリブナの国際的な信認をどう保障していけばよいかという問題については、国有資産の民営化プロセスと結び付けて自力で解決の道を開いていこうという考え方でほぼ一致していた。

マルコフさんは次のように説明する。「フリシャーチク通りに面する商店はいまはほとんどが国営だが、それを借りてビジネスを手がけたいという人々は多い。そこで、オークションにかけて長期にわたって賃貸しする。その他、商店や人の住んでいない住宅、国営工場などの民営化資産が新通貨の支持基盤になるだろう。むろん、オークションには外国企業も参加できるようにしたい」

民営化プロセスという点では、ウクライナはロシアをはじめ旧ソ連の他の構成諸国よりもずっと先行していた。まず九一年一〇月三一日、最高会議は「企業、土地、住宅の非国有化と民営化の基本的な考え方」をいち早く採択し、将来は国有資産が国民や企業などに無償または有償で払い下げられることがはっきりと示された。そして、その後はこの考え方に沿って、「所有権法」「ウクライナ土地法」「銀行制度法」「外国投資法」など、数多くの新しい法律が次々に採択された。

たとえば所有権法では、所有形態が国民全体による所有、個人所有、グループや集団による所有、国や政府機関による所有の四つに分けられた。これと並んで土地法では、国家、集団、個人の三つの土地の所有形態が想定された。むろん、いくつかの例外はあるが、一般的には外国人を除けば、

街角に掲示される不動産の売り広告

土地を個人や集団に分け与える道が開かれた。そして、私が着任する以前の三月一三日、最高会議は「土地改革および土地民有化の加速法」を採択した。

また、外国投資法では、外資の比率が資本金の二〇%を超えるもの、または出資額から見て外資が一〇万ドルを超える合弁企業に対しては、五年間の免税措置が与えられることが決まった。さらに、その後はあらたに外国企業の国有化が禁止され、すでに設立されている外国企業については今後一〇年間はたとえ法律が変わってもその適用を免れること、また国防、エネルギー関連産業などいくつかの国家戦略に関わる分野を除いては、一〇〇%の所有権が認められることなど、外資を保護するための条件も追加された。

他方、これらの動きと並行して「国営企業の資産に関する民営化プログラム」が策定され、最終的には国有資産の七〇%が民間に払い下げられることになり、民営化バウチャー(株式を購入するための予約券)の一部は合弁企業など外国人に対しても外貨で売られることなどが決まっていた。そして、民営化はまず流通サービス業や建設業、農業および食品加工業などの分野で長期間のリースやオークションの形で始まり、九二年中に全国有資産の四%、九三年から九四年にかけてさらに三〇%、さらに九五年には五〇%までが民営化されることになっていた。

インフレで頓挫する民営化プログラム

ところが、政策、制度面ではこれほど画期的な考え方が示されながらも、現実には土地の払い下げも企業の民営化も一向に実現されていなかった。

ウクライナには軍民転換省(機械エンジニアリング、兵器生産部門および軍民転換省)がある。アントーノフ大臣の説明によれば、国家民営化プログラムにしたがって、国内七〇〇カ所の軍需工場がいずれは民間に払い下げられることになっており、しかもこれらは旧ソ連の軍需産業の中でも高い技術を持った粒ぞろいの企業ばかりということだった。そして、九月一五日から始まった最高会議の第六会期では、それらの軍需工場を含めておよそ二五〇〇の民営化候補企業のリストについて討議され、民営化にゴーサインが出るはずだった。だが、再検討を求める産業界の声に圧されて、決定はあえなく延期された。

当然のことながら、ピリプチュク委員会のメンバーたちは大いに不満だった。厄介なことに、この間の激しいインフレーションによって、民営化プログラムは土地や資産の評価をまた一から見直さなければならないという新しい困難にも直面していた。これには気の遠くなるような膨大な作業が必要だ。このままでは民営化が少しも進まず、独自通貨の確立はますます遠のくばかりである。「議会が決定したことを政府は少しも実行しない。民営化を速やかに実現するために、内閣や省庁の権限と責任を明確にすることが必要だ」。そう言って、ピリプチュクさんは産業界への怒りをぶちまけた。

一方、私自身はピリプチュクさんたちが怒るのも無理はないと思う反面、ウクライナのエコノミストは実に楽観的だとも思った。すでに述べたように、ピリプチュクさんは外国投資法の生みの親であり、外資の進出をテコにして国営企業の民営化を前進させ、産業構造を一気に転換させたいと考えていた。彼らの思考の背後には、自国の産業技術に大きな魅力があるに違いないという確信と、したがって外国投資法を整備して外資を保護し、税制面などで優遇すれば、外資は素晴らしい技術を求めてこぞって進出してくるだろうという楽観があった。

だが、外資が進出の判断基準として重視するのは、制度そのものではなく、制度を保障する社会や経済の安定性である。いまのウクライナのような激しいインフレ下の経済に好んで進出する企業は、資本の回収期間が短い流通ブローカーだけだろう。彼らが本来望むような西側の本格的な製造企業は、激しいインフレ下の経済にはとても怖くて近づかないはずだ。これは、卵が先か鶏が先かという議論にもなりがちだが、私はまず国民経済の建設とマクロ経済の安定が先決で、そうすれば外資は自ずと進出してくるものだと思っている。つまり、経済の安定あればこその制度なのだが、彼らにはそこがわかっていない。

旧ソ連の一点集中型投資政策

また、私はウクライナに限らず、旧ソ連は一点集中型の投資政策を営々と続けてきたのではないかと思う。山の尖った頂は宇宙開発や衛星技術など軍事関連部門であり、他方、大きく抉《えぐ》られて深く沈む谷底は社会資本をはじめとする民生部門だ。旧ソ連は民生部門を犠牲にして頂を研ぎ澄ますことのみに専念し、ひたすらその一点に人と資金を注いできた。その点では戦前の日本と同じだ。だが日本は戦後、戦争に敗けたために戦車で戦うより働く方がましだと考え、尖塔部分を解体して民生部門の谷間をせっせと埋めた。

これに対して、旧ソ連は戦争に敗けていないからか、尖塔はそのまま残して、谷底の深い窪みを外資で埋めて底上げしたいと望んでいる。彼らが冷戦に敗れたと見るのは誤解だろう。彼らは敗れてなどいない。なぜなら、ソ連共産党に勝ったのだから。もっとも、ウクライナがロシアから完全に独立できたかどうかは、独自通貨を確立できるかどうかというこれからの問題も含め、いまの時点では断じがたいことではある。

が、それはともかく、軍需産業はいまでは身の丈に余る無用の長物になったとはいえ、飛び抜けた技術水準そのものは、いまもウクライナの財産であり、誇りなのであろう。むろん、世界の技術水準を知らないという事情は前提としてあろうが、外資の進出に対する彼らの楽観は、おそらくこのような国情に基づいているのではないかと私は思う。

大統領がはじめて日本について言及

九月二九日。ついにフォーキン首相が辞任した。それに続いて政府への不信任案が提出され、内閣が総辞職した。これに対して、クラフチュク大統領は新しい首相が選ばれるまでフォーキン氏に首相の地位に留まるよう求めたが、最高会議はこれを拒み、大統領に対して一〇日以内に新しい首相候補を提案するよう求めた。こうしてウクライナは一時、政府のない、文字どおりの無政府国家になった。

「フォーキン首相が辞めると、フリブナの導入が早まるだろう。彼が支持していたウクライナ国立銀行のゲトマン総裁も近いうちにクビになるだろう。このふたりは表向き、フリブナ導入に対して前向きな発言を繰り返していたが、実際にはウクライナがルーブル通貨圏から離脱することには消極的だ」。この日の午後、科学アカデミー経済研究所の一室で、ダニレンコさんはこのように述べた。彼は同研究所の気鋭のエコノミストだ。ソ連が解体する前にベトナムに派遣され、アジア諸国の経済発展について研究を重ねて九二年の春に帰国した。

「フォーキン首相はかねてよりルーブル通貨圏からの離脱を急ぎたいと主張し、七月のはじめには、二カ月以内にもフリブナを導入したいとテレビのインタビューに答えていた。だが、それが彼の本意でないことは皆わかっている。彼がそういう発言を繰り返したのは国民の支持を失いたくなかったからだ」。おそらくこの意味では、ウクライナ政府が改革そのものに消極的だという国際機関の指摘も当たっているわけである。

後継首相の候補として、ラナボイ氏の後を継いだシモネンコ第一副首相、ピリプチュク委員長、グリニョフ最高会議副議長、人民戦線「ルーフ」のユフノフスキー教授などが下馬評にあがった。むろん、ピリプチュクさんは固辞した。誰が首相になっても、経済の再建を軌道に乗せることは容易ではなかった。ことに東ウクライナを中心に産業界の発言力が高まっており、指導力を発揮して改革を進めていける成算はピリプチュクさんにはなかったようだ。

九月三〇日。クラフチュク大統領が議会で所信表明報告をおこなった。この日、私はピリプチュクさんの許可を得てその様子を傍聴することにした。

大統領はまず経済の現状について触れ、「経済危機はウクライナだけの問題ではなく、旧ソ連のすべての国々が共通して直面している問題だ。それは国家間のつながりが断たれたことによる構造的な問題で、単純に政府の不手際のみに責任を帰することは適切ではない」と議会の政府批判をたしなめた。続いて「危機から逃れる道は、経済の自由化、ルーブル通貨圏からの離脱、独占企業の解体にある」と述べ、「国民経済の再構築と軍民転換を前進させるためには、政府の指導力を強めることが必要だ。政府がもっと思い切って行動できるようにしたい」という考えを示して最高会議の理解を求めた。

報告の最後で、対外経済関係に話が及んだ。その中で日本について言及し、「日本はアジアの中で最も優先すべき貿易相手国だ」という所信を述べた。私は一瞬、耳を疑った。たったそれだけの短い発言ではあったが、それは私がキエフに着任して以来、クラフチュク大統領の口から日本について聞いたはじめての言葉だった。

第6章 国民通貨確立への道

バラバシュさん(右)，カメヌイさん(左)

ルーブル通貨圏離脱は秒読み段階に

街では省エネルギー運動が徹底されていた。一九九一年秋、はじめてここを訪れた夜、石畳の坂道にそびえる古い教会や石造りの建物が、オレンジ色のイルミネーションに照らされて、街の輪郭が美しく縁取られていた光景は忘れがたい。だがいま、夜の街は静かに眠り、装いを欠いている。昼間の通りを行き交う車の数もいくらか減った。ガソリンが手に入りにくくなったためだ。

秋が深まり、氷点下の朝が来ても街に暖房は入らなかった。最高会議では人気のない部屋は灯が消され、カメヌイさんは薄暗くなっても電灯をつけようとしなかった。委員会の秘書をしていたリュドミラさんは、鼻をぐすぐす言わせ、肩にコートをかけてタイプライターを打っていた。私自身もすっかり風邪をひいた。冬場の電力需要を賄うためにチェルノブイリ原子力発電所が運転を再開したと知らされた時は、さすがに怖かった。ウクライナでは、すでに電力のおよそ三分の一が原子力で賄われていたが、エネルギー危機のもとで原子力への依存はいっそう高まる傾向にあった。帰国の日が三週間後に迫っていた。

一〇月一日。朝、ロシアの通称オスタンキノ・テレビが「ウクライナ国立銀行は今日にも独自通貨「フリブナ」を導入する予定であり、これに対応するためにロシアのガイダール首相代行とゲラシチェンコ中央銀行総裁が急遽、キエフを訪問することになった」と報じた。狐につままれたような気がした。私は、直ちにウクライナ国立銀行のマルコフさんに電話をかけて真偽のほどを確認した。彼はあっさりとそれを否定し、フリブナの発行どころか、為替送金など預金通貨のカルボヴァーニェツ化も一カ月ほど先送りされる見通しだと言う。

結局、昼のニュースでこれが誤報だったことが伝えられ、ロシアがルーブルのロシア化を進めたいとの意向をベラルーシに通告したことがウクライナに伝わり、それがウクライナ通貨当局筋の過剰な反応を呼び起こして情報が錯綜した結果だと説明された。ガイダール首相代行とゲラシチェンコ中央銀行総裁のキエフ訪問はキャンセルされ、ロシア政府の代表団は旧コメコン諸国との経済協力について交渉するため、当初の予定どおりポーランドに向かうことになった。

だが、火のないところに煙は立たないものだ。ウクライナのルーブル通貨圏からの離脱は秒読み段階を迎えていた。シヴォルスキーさんやマルコフさんをはじめ、中央銀行の幹部は毎日その準備に追われていた。おそらくロシアとしては、ウクライナを最後までルーブル通貨圏につなぎ止めておきたかったに違いない。ロシアはルーブル通貨圏の盟主として、解体後のソ連をひとつにまとめ、市場経済への改革をリードしていくことを当然の役割と考えていたし、また、そこには旧ソ連の継承国としての大国ロシアの体面がかかってもいただろう。だが、ウクライナにはウクライナの意地があった。すでに述べたように、六月末に開かれた両国の首脳会談の席上、ウクライナは通貨確立への不退転の決意をはっきりと表明していた。

「ロシア中央銀行は、ウクライナがルーブル通貨圏を離脱しても三日と持たないだろうと高を括っているようだ」。マルコフさんは悔しそうに呟いた。

「現在、ウクライナ国立銀行が取り組んでいる最大のテーマはフリブナの発行だ。この問題の重要性にはふたつの側面があると思う。

まず第一に、独自通貨を持つことは政治的、道徳的にみて重要だ。つまり、それは国民経済に責任を持つということであり、また旧ソ連の他の構成諸国との経済関係についても国際社会の一員として責任を持って対応しなければならないということだ。これまでは、各構成諸国はどこもインフレに対して真剣に取り組もうとしなかった。ウクライナはインフレを抑えるために、一九九〇年には独自にクーポンを発行して三〇億ルーブルの流動性を取り除いた。しかし、当時はモスクワが自由にルーブルを発行できたので、ロシアでは逆に一七〇億ルーブル、カザフスタンでは四〇億ルーブルもマネーサプライが増加した。このルーブルがウクライナに押し寄せたため、わが国が打ち出したインフレ対策はかき消されてしまった。

第二に、市場経済へつなげる独自の経済政策を実行して、行政指令型の経済から脱却しなければならない。新通貨を発行する時にはルーブルとの交換レートを切り下げたい。そうすれば輸出ドライブがかかる。輸出収入を投資やエネルギー、木材などの購入に充てることになろう」

当時、マルコフさんはこの国で最も忙しい人物のひとりだった。この日以後、帰国の日までついに彼には会えなかった。

他方、すでに述べたように、ロシア政府は、ルーブル通貨圏の他の国々がロシア中央銀行とのコルレス契約の枠を無視して、勝手にルーブル・クレジットを発行し続けたためにマネーサプライをコントロールできず、ほとほと手を焼いていた。ロシアとしてはこの際、ルーブル通貨圏から出ていく国と残る国の黒白をはっきりさせてルーブル通貨圏を明確にし、通貨管理のルールを確立して金融・財政政策のイニシアチブを取り戻さなければならない。そのため、九月の末頃からロシアのガイダール首相代行とゲラシチェンコ中央銀行総裁は、アルメニア、アゼルバイジャン、ベラルーシなどをあわただしく日帰りで訪問し、キルギスの首都ビシュケクで開かれる予定のCIS首脳会議に向けて通貨政策の調整に乗り出していた。

ルーブルとの交換レートはどうなる?

一〇月三日。ロシアのガイダール首相代行とゲラシチェンコ中央銀行総裁がキエフを訪れ、ウクライナ政府およびウクライナ国立銀行の首脳と会談した。席上、ウクライナがルーブル通貨圏から離脱することを前提にして、まず両国間の累積債務をどう処理していくかという問題が話し合われた。そして、これについてはロシアから新たなルーブル・クレジットが供与されることが約束され、それに基づいて支払い協定が調印された。また、九三年の両国間の貿易と経済関係についても話し合われた。他方、ルーブル圏離脱後への対応として、ウクライナ国立銀行とロシア中央銀行の間にクリアリング・アカウントによる決済制度を創設することでも合意した。クリアリング・アカウント方式とは、両国の中央銀行に企業ごとの特別口座を設け、お金の移動をともなうことなく口座上で相殺し、帳尻分を後でルールに従って精算しようというやり方だ。

だが、この場合、ルーブルとカルボヴァーニェツの交換レートをいったいどう決めるのか。また、それから先の重要な問題として、ウクライナはフリブナの通貨としての国際的な信認をどのように確立していこうというのだろうか。これらの問題が解決されなければ、たとえルーブル通貨圏から離脱したとしても、ウクライナ経済はますます混乱してしまう可能性が高い。

フリブナ導入へのシナリオ

一〇月六日。待望のフリブナを積んだ船の第一便が、カナダから大西洋を越えてはるばるオデッサ港に到着した。その朝、テレビやラジオのニュースは、ウクライナがいよいよルーブル通貨圏から離脱し、フリブナを導入するための助走としてカルボヴァーニエツを当面の国民通貨とするという、ウクライナ国立銀行の方針を繰り返し伝えた。実施時期は一一月からとされた。

午後、私は科学アカデミー経済研究所のダニレンコさんと会見した。ダニレンコさんは、たたき上げの研究者という風貌をした気骨のあるエコノミストだ。この夏、ウクライナ国立銀行はフリブナ導入へのプロセスについて、全国のエコノミストに呼びかけて懸賞論文を募集した。彼は見事それに入賞し、その日の夕方にはピアタチェンコ財務大臣に講義することになっていた。

早速、私は質問を切り出した。「ルーブルとカルボヴァーニエツの交換レートはどのように決まるのか」

彼は次のように説明した。「交換レートは中央銀行が主催する外貨オークションで決まることになろう。だが、ウクライナとしてはルーブルに対するカルボヴァーニエツの交換レートを切り下げることが望ましい。現在一ドル三〇〇ルーブル、クーポンでは四〇〇カルボヴァーニエツ、つまり一ルーブル一・三カルボヴァーニエツだ。私は一ルーブル一・五カルボヴァーニェツぐらいになるのが望ましいと考えている。だが、ロシア側は去る三日に開かれた首脳会談では一ルーブル二カルボヴァーニェツを主張した。彼らは、ウクライナがカルボヴァーニェツ相場を維持することはできず、たちまち暴落する羽目になるだろうと分析している」

ロシア政府は、ウクライナがルーブル通貨圏から離脱した暁には、貿易を国際価格ベースでおこないたいと注文をつけていた。その場合、九三年の貿易収支見通しは、三〇億ドルから四〇億ドル、ウクライナ側の赤字になるものとロシア側は試算していた。そうすると、ウクライナとしては輸入を抑え、輸出を促進するために、市場はカルボヴァーニェツ相場の下落へと動くはずだ。ロシアのエコノミストは、カルボヴァーニェツの先行きをそのように読んだのだろう。

次に、「通貨確立へのプロセスについてアイデアを聞かせてほしい」と私。

それに対して、ダニレンコさん。「私は、民営化と並行してフリブナを段階的に導入するやり方がいいと思う。政府の計画によれば、国有資産は九五年には総額の五〇%までが民間に払い下げられることになっている。その内、七〇%に対して株式購入予約券、つまり民営化バウチャーが国民に無償で配られ、残りの三〇%はオークションなどにかけて自由に売られることになろう。むろん、これらの一部は外国人にも売られるはずだ」

彼はその先に話を進めた。

「そこで、フリブナ導入のポイントは次の四点だ。まず第一に、民営化資産を九三年三月までにすべて世界市場価格を考慮して、フリブナで評価する。つまり、現在はルーブルで評価されているが、これをあらためてフリブナで評価し直す。第二に、民営化によってフリブナの国際的な準備を増やし、それによってフリブナ建ての民営化バウチャーを外貨で購入する。外国人はフリブナ建ての民営化バウチャーを外貨で購入する。この収入が中央銀行に集められて外貨準備に充てられる。第三に、フリブナの交換レートは行政的に決めるのではなく、あくまでも市場に任せる。具体的には、外貨取引所に出して、そこでドルやルーブルなどの外国通貨との交換レートが決まるだろう。あるいは、現金として流通させる前に、まず貿易決済のための送金など非現金分野で利用し、それによって為替レートを安定化させておく方法もあり得よう。最後のポイントは、民営化バウチャーを国民に配る

科学アカデミー経済研究所のダニレンコ研究員

時には貯蓄銀行の預金口座に登録する方法をとることにし、バウチャーそのものは配らないようにすることだ。むろん、政府は換金を認めないので民営化バウチャーがインフレ要因に転じることはないし、また国民は民営化バウチャーを他人に売り渡すことはせず、みな等しく株式の購入に充てることになるだろう」

最後に、彼はフリブナの導入時期について次のような見通しを述べた。

「民営化バウチャーの発行、民営化資産のフリブナによる再評価など、一連の準備作業には少なくとも九三年半ば頃まではかかるだろう。したがって、フリブナの導入は早くてもそれからということになる。順調に進めば、来年の末頃には給料の一部がフリブナに入れ替わるかもしれない。だが、ウクライナ経済はすでにハイパー・インフレの兆しを見せているために、資産の評価作業そのものがむずかしくなっている」

クチマ新首相選出の意味

一〇月七日、ロシア企業家同盟のヴォリスキー議長とウクライナ企業家同盟のイェフツコフ議長が両組織の協力協定に署名。他方、これとは対照的な動きとして翌一〇月八日、学生たちが、今度はCISからの脱退を要求して再びハンガー・ストライキに突入。

前者は東部の産業界を中心とした動きで、ロシアからの独立政策に対する強い反発が背景にあり、後者は西部の独立派ナショナリストの指導を受けた動きで、反ロシア政策を求める強い主張が背景にある。ロシアとの関係の取り方をめぐる、東部と西部の立場の相違をくっきりと示す象徴的な出来事だった。

一〇月九日。ビシュケクで開かれていたＣＩＳ首脳会談が終わった。この会談では、ルーブル通貨圏に残る国々の間で国家間銀行を創設することが決議されたが、ウクライナとアゼルバイジャンはこれには署名しなかった。ロシアは、ウクライナのルーブル通貨圏離脱への断固とした強い決意をあらためて確認する結果になった。

一〇月一三日。クチマ氏が、フォーキン首相の後を継いで新しい首相に選ばれた。クチマ氏はブレジネフ政権下、七五年から八二年まで共和国共産党中央委員会の書記を務めたこともある当年五四歳のエリートで、その後は東部のドニエプロペトロフスク市にある旧ソ連有数の軍需企業「ユジマシ」の経営者をしていた人物だ。

「ユジマシ」とは、正しくはユージュヌイ・マシナストロイーチェリヌィ・ザヴォート（南部機械組み立て工場）という。むろん、南部とはキエフとの関係においてではなく、モスクワから見て南に位置するということで、いわばモスクワ直結の軍産複合体だ。有名なＳＳ20ミサイル・シリーズとミサイル標的追尾システムは、ここで生産されているそうだ。しかも、この追尾システムの製造工場は、旧ソ連の中でここを含めてたった二カ所しかないという。つまり、クチマ氏は、ウクライナの産業界が誇りとするトップリーダー企業の経営者なのである。彼ならば、産業界に対して抑えを利かせることもできるだろう。私は、クラフチュク大統領はここに着目したのだと思う。そして、経済混乱下での東西対立という難局の打開を、トップ経営者としての彼の指導力に期待したのだと思う。

むろん、そこには東ウクライナへの格別の配慮もあった。同氏は東部の産業界からの信望が厚いというだけではなく、旧ソ連の他の構成諸国、特にロシアの産業界との間にも幅広い人脈を持っている。そこで、大統領としては、クチマ氏を首相に抜擢することによって、国内的には東部の産業界にくすぶり始めていた不満を鎮め、他方ロシアとの関係では、企業レベルで関係の縒《よ》りを戻して生産低下に歯止めをかけたいということだったのだろう。

もっとも、東ウクライナの産業界のリーダーたちはロシアとの貿易の正常化を強く求めており、ルーブル通貨圏からの離脱には消極的だった。だがこれについては、クラフチュク大統領は彼らの要求に一歩たりとも譲歩するわけにはいかなかった。そんなことをすれば、西ウクライナの独立派が容赦しないだろう。なぜなら、通貨は一国の経済主権そのものにかかわる問題だからである。そして、こうした見方を裏付けるように、この日、クラフチュク大統領はロシア、ベラルーシとの国境の税関設置法に署名し、あくまでロシアからの独立へ邁進した。

実はこの頃、私は東部のハリコフから二〇㎞ほど北へ上り、ロシアとの国境地帯にいた。手前がハリコフで、そこから先はロシアのベルゴロドだ。これまでロシアとの国境は地図上で形式的にのみ存在し、人や物の往来は自由におこなわれていた。ところが私が訪れた日には、すでにウクライナ側で税関施設の建設が準備され、資材や砂利がうずたかく積まれていた。傍らで、厚い外套を身に纏《まと》った国境警備隊員が、物々しい雰囲気のなかで貴金属や武器、麻薬などの出入りをチェックしていた。

私が車から降りてカメラを構えると、すぐにカーキ色のジープがやってきた。「フィルムを出せ」と命じられ、事務所まで同行するように求められた。運転手のヴァロージャは足が震えている。「まずいことになったな」と私は思ったが、しかたなく指示に従うことにした。

ところが、事務所に入って最高会議の入館許可証を示し、「ピリプチュク委員長にお世話になっている」と事情を説明すると、警備員たちはたちまち相好を崩して熱いお茶を入れてくれた。ピリプチュクさんの名前は、ここでも「葵の御紋」だった。

外は冷たい雪が散らついて、風が凍てつくように冷たかった。「あそこでは絶対に写真を撮るなよ」。指さした方向に目を向けると、数百m先でロシアの国境警備隊員が機関銃を肩から下げてこちらの様子をじっとうかがっていた。

半年が過ぎ、帰国の準備へ

オデッサからドンバスを回り、ロシアとの国境地帯からキエフに戻ったのは一四日の午後だった。街には、すっかり初冬の風情が立ち込めていた。キエフに着任したのは、カシタンの若葉がまばゆい五月のはじめだった。大きなトラブルもなく、無事、半年間の調査を終えることができそうだ。思えばこの間、この街で何人の訪問客を見送ってきたことだろう。そしていま、私自身が見送られる番になった。その後は、お世話になったピリプチュク委員会のメンバーや科学アカデミーのエコノミストなど、この街で知り合った多くのウクライナの人々への別れの挨拶と、帰国の準備にあわただしく追われた。

バラバシュさんをキエフ・ホテルの滞在先に訪ねた。「EBRD（欧州復興開発銀行）から、一〇人のコンサルタントが民営化を指導するために訪れ、これから九カ月間、アドバイザーとしてキエフに滞在することになった」「民営化がうまくいくといいですね」「否、いま、わが国に必要なのは民営化のアドバイスではなくて国営企業の経営管理だ。どのようにしたら国営企業を効率よく管理できるか、日本にいい参考資料があったら送ってほしい」。この国にとって、本格的な民営化への着手はまだ先のことだ。したがって、当面は依然として経済の根幹を成している国営大企業に頼らざるを得ない。「日本の国会との間で議員同士の交流を図りたいと思う。是非、協力してほしい」

その日の午後、バラバシュさんが幹事になり、経済改革管理委員会で私のためにささやかな送別会が開かれた。若いイーゴリ君は恋人同伴だ。「ニシタニさんがいなくなると、最高会議の女性たちが寂しがりますよ」。リュドミラさんはそう言って目頭を拭った。ラボシュリクさんは、わざわざハリコフから駆けつけてくれた。残念ながら、シヴォルスキーさんとマルコフさんには会えなかった。二人は日夜、ルーブル通貨圏から離脱するための準備に追われて大忙しだ。半年間、私の補佐をしてくれたカメヌイさんがシャンパンを抜いて乾杯の音頭を取った。ピリプチュクさんが彼に華を持たせたのだろう。ピリプチュクさんは、部下の立場にも気配りするいい指導者だ。

エネルギーを持たない弱さをバネに転じられるか

帰国の前日、カメヌイさんの机の上のコピーが目に留まった。「パチンコの経済学」、もちろんロシア語だ。それは、竹内宏理事長が著した経済論文集の翻訳だった。この春、その英語版を日本からの土産としてピリプチュク委員長に贈ったところ、勝手にロシア語に翻訳されていたという訳である。むろん、著作権への考慮などはない。いわば海賊版だ。

聞けば、それをテキストにして、経済省を中心に若い建国の志士たちが勉強会を開いているというではないか。随所に赤くアンダーラインが引いてある。「この論文集は実にわかりやすい。タケウチさんがキエフを訪問した時に、「ウクライナのどこを評価するか」と質問したら、「エネルギーを持たないから産業が栄えるようになる、それが強みだ」と答えた。あの言葉には大いに勇気づけられた」。そう言って、カメヌイさんは目を細めた。祖国を愛し、未来を拓きたいという意気に燃えた若い志士たちが、国際機関からの支援に多くを期待せず、ゼロから学習し、実践していこうという光景は、清々しくもあり、また頼もしくもあった。

新しい首相は決まったが、内閣の顔ぶれは決まっていなかった。おそらく、クチマ新首相の仕事始めは為替送金をカルボヴァーニェツ化した後の、ロシアとの新しい決済メカニズムの創設になるはずだ。だが、クチマ氏にはマクロ経済政策の経験はなく、これからウクライナがルーブル通貨圏を離れ、諸外国との間に新しい通貨信用システムを創造していく過程では大きな困難も予想された。はたして、ウクライナは見事にその本意を遂げてルーブル通貨圏から離脱し、経済を安定させ、成長への軌道に乗ることができるだろうか。

他方、ロシアの経済制裁は険しさを増していた。一〇月一日から、ロシア経済省は自国内の石油・天然ガス生産者に対して、ウクライナ企業とのエネルギーの直接取引を禁止した。ウクライナのエネルギー需給は冬場に向かってますます逼迫するだろう。企業家同盟のイェフツコフ議長は、この決定をウクライナに対する経済的な破壊行為で、両国の経済戦争をいっそう煽るものだとして激しく非難した。ウクライナの人々は、エネルギーを持たない弱さを経済再建へのバネに転じることができるだろうか。

ルーブル通貨圏離脱

帰国の当日は、ピリプチュクさんの好意で、空港まで委員会のヴォルガで送ってもらえることになった。助手席にはイーゴリ君が乗っていた。通貨確立への道は険しい。懸案となっていた造幣局の建設は、カナダ、イギリス、フランスなどの国々に相談が持ちかけられていた。カナダは新通貨「フリブナ」の、イギリスとフランスはクーポンの印刷でそれぞれ協力してきた国々だ。「紙幣の印刷技術がなければ、独立ウクライナの経済主権は守れない」。一〇月一八日、半年間の調査を終えて私がキエフを発った朝、ピリプチュク委員長はこれらの国々に向けてあわただしく飛び立った。

日本に帰国してひと月半が過ぎた一一月一二日午後一一時、ウクライナ国立銀行は現金だけでなく預金通貨のカルボヴァーニェツ化に踏み切り、国民通貨の確立へ向けて大きな一歩を踏み出した。

通貨改革管理に関するウクライナ大統領令

ウクライナ主権宣言(独自通貨導入条項)およびウクライナ経済独立法に基づいて、私は以下を布告する。

一　一九九二年一一月一二日午後一一時より、ウクライナ領内における通貨単位としてのルーブルの機能は停止される。

二　カルボヴァーニェツをウクライナ領内における唯一の法的支払い手段とする。カルボヴァーニェツに相当する現金は、ウクライナ国立銀行が発行するクーポンである。(中略)

四　内閣およびウクライナ国立銀行はルーブルを回収し、居住者、非居住者を問わず法的個人、および国内の銀行が持つ債権と債務を、一対一の比率で無制限に再評価するよう指令し、作業を開始する。

五　経済および財政、信用操作および記録は、ウクライナ・カルボヴァーニェツでおこなわれる。

六　ルーブル単位で署名された経済・貿易・金融および信用契約その他はウクライナ・カルボヴァーニェツで履行されることになる。(中略)

八　ルーブル・ゾーンの国々との間で相互に有利な経済関係を維持するために、ウクライナ・カルボヴァーニェツとルーブルの交換比率が設定される。これらの通貨の交換は、ウクライナ国立銀行が決めるレートと法律に基づいておこなわれる。

九　一九九二年一一月一一日までに、内閣およびウクライナ国立銀行は、国内の銀行、他の責任ある管理者およびウクライナ大統領を代理する地方行政長官に対して、この大統領令に続いて出されるウクライナの通貨改革に関する調整文書について伝達する。

一九九二年一一月一六日までに、内閣およびウクライナ国立銀行は、ウクライナ・カルボヴァーニェツとルーブルの交換制度を導入する。（中略）

一〇　ウクライナ国家通貨改革委員会が設置される。

この大統領令は署名と同時に有効となる。

レオニード・M・クラフチュク

第7章

石油は穀物より強し

モスクワのウクライナ大使館

春を待つモスクワの明るさ

モスクワの大通りは、広いばかりでとてもハイウェーとは言いがたい。大きな窪みや舗装のひび割れは補修もされず、放置されたままである。そこを巧みに避けながら、おんぼろのヴォルガがうなりを上げて突っ走る。「これがわが国の道路さ、東京にはこんなひどい道路はないだろう」。運転手は恥じ入るように言う。およそメンテナンスや償却といった概念に欠ける世界である。乗物、建物、店舗、施設、窓から見える景色はどれもみな、発展途上国さながらにお粗末だ。ロシアが西側諸国との経済成長レースに大きく遅れてしまったことは、いまでは国民の誰もが知っている。とはいえ、そこは堂々たるロシアの都だ。

年が明けて一九九三年三月一八日、私はおよそ五カ月ぶりにウクライナへ出張することになり、旅の途中、モスクワに立ち寄った。この年の一月末に待望の日本大使館がキエフに開かれたのを機に、外務省の要請を受けてウクライナ経済について短期間のフォローアップ調査をするためだった。

折しもモスクワでは政局が大混乱し、エリツィン大統領による直接統治の導入予告、そしてそれに反発した議会が大統領の解任投票に打って出るという異常な事態に発展した頃だった。だが、市内はいたって平穏で、社会的な緊張はまったく感じられない。雪解けの水たまりに映る陽射しも暖かく、春を待つモスクワの表情はいつもながらに明るかった。

他方、石油の減産が続いていると伝えられてすでに久しかったが、ガソリンが節約されているような気配は少しも感じられない。それどころか、都心の環状道路には、大型トラックが濛々たる黒煙を吐いて走っている。また、乗用車の数もこの半年の間にいっそう増えた様子で、朝夕の交通渋滞は相変わらずひどい。私は、鼻をつく排気ガスの臭いに包まれながら、ロシア経済のダイナミズムを肌で感じた。

エネルギー・ショックという代償

だが、それから三日後の三月二一日、懐かしい気持でいっぱいでキエフのボリスポリ国際空港に降り立ち、ドニエプル河を渡って市街へ入った時、私はモスクワとはあまりに対照的なその街の寂れようを見て愕然とした。厳しいエネルギー・ショックが、経済全体に重くのしかかっていた。

ガソリンがないためか、通りを行き交う車の数はまばらで、対向車にも数えるほどしか出会わない。もっとも季節柄、この時期は静かなのが当たり前で、あとひと月もすれば街は春らしい賑わいを取り戻すということなのかもしれなかった。また、モスクワと比べるとキエフはもともと静かで落ちついた街でもあるし、たまたま私が着いたのが休日の午後で、市民の多くは郊外の畑で春の種まきの準備に追われていたためでもあっただろう。だが、それらの事情を割り引いてみても、経済のダイナミズムという点で、モスクワとの開きは、私が半年間の調査を終えてキエフを去った前年の秋に比べていっそう拡がったように思われた。

エネルギーを持つ国と持たざる国の明暗は、かくも歴然たるものか。ウクライナはこれまで、エネルギーの四〇％以上を旧ソ連の構成共和国、特にロシアからの輸入に依存してきた。年間六〇〇〇万トン以上の石油と一〇〇〇億㎥弱の天然ガスをロシアから輸入し、消費量に対する依存率はそれぞれおよそ九〇％、七〇％に達していた。他方、ガソリン需要は年間およそ一一〇〇万トンだが、そのうち七〇％、およそ八〇〇万トンが国内の石油精製プラントによって賄われている。

ところが、ロシアとの政府間協定に基づく石油の輸入割当量が、九三年にはかつての三分の一以下、およそ一五〇〇万トン～二〇〇〇万トンにカットされることになったため、ガソリンの生産量が二〇％以上も減ってしまった。これではトラクターを動かせず、豊かな五穀がガソリン不足の脅威にさらされることになる。そこで春の種まきシーズンを控えて、政府は備蓄の八〇％を優先的に農業に、残りの二〇％を都市部の公共輸送に振り向けることで事態に対処した。そして、私が訪れた三月には、自家用車向けにガソリンを販売することも一時的に禁止されていた。

他方、市民生活は猛烈な輸入インフレに見舞われていた。九三年になると、ロシアからの石油の輸入価格が世界市場ベースになったためである。具体的に数字を挙げてみよう。たとえば、一年前にはトン当たり一二〇〇ルーブルで買えたのが、九二年の一二月にはルーブルが暴落したことも手伝ってトン当たり二万五〇〇〇ルーブルになり、さらに九三年の第一・四半期にはトン当たり一四六ドル、一ドル四二五ルーブルで換算して六万二〇〇〇ルーブルに改訂された(その後、九八年にロシアはルーブルのデノミを実施した)。

その結果、九三年の第一・四半期、ウクライナでは消費者物価が前年同期に比べて一四倍になり、内訳では食料品価格が一六倍、それ以外の消費財のそれが一二倍になった。食料品の価格は、九三年一月のたった一カ月だけで平均して五倍に跳ね上がったという。フリシャーチク通りに面するデパートや食料品店をのぞいてみると、値札にはゼロがずらりと並び、半年前とはすっかり様変わりしていた。

むろん、ロシアと同様にウクライナでも、小売価格は完全に自由化されているわけではなく、パンやミルク、砂糖、バターをはじめ基礎的な消費財の価格は依然として政府の管理下に置かれ、工業部門の卸売価格の高騰に比べると、それでもまだ低く抑えられてはいた。だが、そのような政府の政策は、結局は巨額な財政赤字と通貨の増発を招くことになり、同じ第一・四半期、家計収入は名目で前年同期に比べて一四・一倍、また通貨の発行量は同じく一二・六倍に膨らんだ。

言うまでもなく、このような経済の苦境はルーブル通貨圏から離脱するための重い代償だった。いまやカルボヴァーニェツと呼ばれるクーポンは、フリブナを導入するまでの暫定的なウクライナ通貨になっていた。前章の終わりに記したように、ウクライナは独立後およそ一年を経た九二年一一月一二日、現金だけでなく預金通貨もクーポン、つまりカルボヴァーニェツにし、五二〇〇万人国家の経済主権を賭けてルーブル通貨圏から離脱した。そして、それにともなってルーブルの流通は停止され、一週間後の一九日、ウクライナ国立銀行は一ドル六四七カルボヴァーニェツ、一ルーブル一・四五カルボヴァーニェツの交換レートを設定し、以後、カルボヴァーニェツの交換価値は市場の相場に委ねられることになった。

私は、東京でこのニュースを知らされるまで、ウクライナがほんとうにルーブル通貨圏からの離脱に踏み切ることができるかどうか、半ば疑っていた。銀行制度はまだ十分には整備されていなかっただろうし、またロシアとの債務と債権の清算や、その後の貿易決済制度がどうなるかという点などについても、はっきりとした見通しが開けているわけではなかっただろう。

だが、ウクライナは主権の樹立を何よりも優先する国である。経済の面では、それは通貨の発行に象徴されよう。つまり、中央銀行制度を確立して通貨を発行し、それによってマネーサプライの管理をはじめ、金融財政政策のハンドルを自分たちの手で握ること、それがなければ真の独立国として国民経済の運営にあたることはできないのである。しかも、この国の独立はロシアからのそれであり、モスクワの支配から自由になることだった。その意味で、ルーブル通貨圏からの離脱は、いわばウクライナの国是にかかわるテーマでもあった。

財務省　シヴォルスキー次官

友人たちとの再会

私の友人たちは、大仕事を成し遂げたという自信からか、以前よりずっと逞しくなり、政府や議会、中央銀行で第一線の重要なポストに就いていた。ピリプチュクさんは、いまやウクライナの経済政策を決定するキーマンのひとりである。バラバシュさんは新しく借地人・ビジネスマン協会を創設し、その会長として民営化の推進に果敢に取り組んでいる。また、シヴォルスキーさんがウク

債権の関係(1992年12月1日時点)　(単位：100万カルボヴァーニェツ)

産業別内訳											
運輸・通信		建設		飲食・商業		流通・販売		銀行		その他	
債権	債務	債権	債務	債権	債務	債権	債務	債権	債務	債権	債務
112365	61797	6031	2752	11739	14825	10708	17058	2533	335	13415	10348
73	1271	89	6	156	440	200	413	10	2	143	176
3538	2299	187	170	895	1754	435	2142	31	3	1100	1785
17	57	33	8	125	304	27	131	17	5	46	28
257	21	65	5	62	280	26	110	29	2	52	361
10	4	14	159	11	203	9	26	9	1	243	227
128	57	138	117	55	345	318	634	32	1	286	194
1	—	7	1	41	330	36	203	10	—	43	94
86	16	26	16	152	354	32	98	10	1	63	80
45	19	36	17	410	629	92	92	4	1	93	69
447	63	170	104	508	936	309	270	4	3	228	174
107503	25905	5215	2123	8913	8432	9151	12617	2235	311	10652	7059
19	2	7	—	33	59	8	19	21	—	54	22
76	32070	—	1	28	26	3	13	2	—	53	7
165	13	44	25	350	733	62	290	119	5	359	77

ライナ国立銀行の第一副総裁からピアタチェンコ財務大臣を支える第一次官に栄転したのにともない、マルコフさんが後を継いで中央銀行のナンバー2になっている。変わらないのはカメヌイさんだけだ。彼は薄暗い執務室の片隅で、半年前と同じようにひとり黙々と仕事をしていた。懐かしい顔が一堂に会した。経済がよくないためか、みな冴えない顔ではあったが、私たちはしばしば半年ぶりの旧交を温め合った。

　彼らの話によると、この間の苦労はたいへんだったよう

旧ソ連構成共和国との債務および

	総額					
	ウクライナ企業の債権	ウクライナ企業の債務	工業		農業	
			債権	債務	債権	債務
総額	528128	304613	367426	195457	3911	2041
アゼルバイジャン	6409	5210	5678	2859	60	43
ベラルーシ	25336	20476	18691	11912	459	411
アルメニア	3175	1108	2894	577	16	3
グルジア	4223	1846	3713	1062	19	5
エストニア	2224	1360	1918	737	10	3
カザフスタン	16344	9695	15315	8325	72	22
キルギスタン	2174	1327	2030	694	6	5
ラトビア	3470	2114	3087	1544	14	5
リトアニア	3946	1970	3246	1138	20	5
モルドヴァ	7296	3943	5483	2042	147	351
ロシア	432875	217842	286150	160221	3056	1174
タジキスタン	2044	701	1899	592	3	7
トルクメニスタン	1979	32483	1815	362	2	4
ウズベキスタン	16633	4538	15507	3392	27	3

出所：ウクライナ統計省『統計要覧』(1992年版)

だ。最も苦労したのは、企業間の未払い債務の算定作業だったという。シヴォルスキーさんはウクライナ側の実務担当者として、ロシアとの債務と債権の清算について交渉に臨んだ。

「私たちの作業の目的は、ロシアとのこれまでの資金の出入りを明確にし、同時にこれからの資金の移動を整序することだった。まず二月一〇日までに、九三年の一月一日以前に両国の企業の間でおこなわれた取り引きの数量と金額が算定された。そして、それに基づいて、三月一日までには両国が相互に負う債務総額が決まった。ウクライナ企業がロシア企業に対して負っている債務はおよそ二二〇〇億ルーブル、逆にロシア企業がウクライナ企業に対して負っている債務はおよそ四三〇〇億ルーブルだ。私たちは、このような作業をロシア以外のすべての旧ソ連の構成諸国との関係についてもおこなった。

むろん、債務の算定に基づいて資金の移動が相互におこなわれることになり、またこれからは商業銀行以外はロシアにおけるすべてのウクライナ企業の口座が閉鎖され、貿易金融と決済は両国の商業銀行を通じてのみおこなわれることになった。これによって私たちは、今後は国内の支払い遅延問題にメスを入れることができる」

すでに述べたように、両国の産業は緊密な鎖でしっかりとひとつに結ばれていた。しかしソ連解体後、企業は一方では価格自由化による原材料や部品の高騰、また他方ではロシア政府による金融引き締めと両国間の貿易金融システムの崩壊という、いまだかつて経験したことのない苦境に直面した。このため、企業は原材料や部品の代金を適時に支払うことができなくなった。つまり、企業は金詰まりになり、金融のない世界で商売を続けなければならなくなったのである。そして、シヴォルスキーさんたちの作業結果によれば、この間、お金の移動をともなわない物だけの取り引きが国境を越えて連鎖的に拡がった結果、支払い遅延が両国間だけで往復六五〇〇億ルーブルにも膨張していたというわけだ。

だが、旧ソ連では、企業はいわばひとつの巨大企業である国の事業所と位置付けられ、そこでは事業所間の物の移動は政府の計画どおりにおこなわれ、決済はすべて帳簿上でおこなわれていた。現金が使われるのは個人との取り引きのみに限られ、貨幣は産業流通を媒介する手段としてはそもそも機能していなかった。つまり、計画を達成するための物の移動がまず先にあり、お金の移動はその後を追うかたちで事後的に帳簿に記録されるだけだった。そして、勘定が合わなければ、物動に一致するように調整された。

旧システムの延長線で横行する「フリー・バンキング」

要するに、ソ連経済では予算の制約はソフトであり、予算は物の動きに合わせていかようにも膨らむものだった。そして、ソ連が解体して指令がなくなった後も、企業は旧システムのマニュアルどおりに行動し続けたということだろう。むろん、このような企業間の信用が、いまも法的に認められているというわけではない。だが、財政当局や中央銀行はそれを事後的に承認せざるを得ず、最終的には企業に対する補助金や低利の貸付を大幅に増やすことになるだろう。

旧ソ連の銀行制度は、どこも一様に、いわば「フリー・バンキング」と呼ぶに相応しい。金融はないどころか、無制限にある。なぜなら、企業が際限なく発行する債務証書が銀行部門によって滞りなく決済され、通貨の発行高が通貨当局の意思とはかかわりなく内生的に決まってしまうのだから。マクロ政策の引き締めのもとで、企業間信用が限りなく膨張する。そして、銀行はそれを追認するかたちで資金を回し、赤字企業を救済する。その結果、不況の真っただ中で超インフレが進行する。私たちにはいささか理解しにくいような、旧ソ連地域に共通した夥《おびただ》しい経済混乱の底流には、旧システムの延長線上で営々と続けられてきた企業間信用の無制限な膨張があった。

だが、これでは関係各国のマネーサプライは、旧ソ連の各構成諸国もろとも通貨当局の意思とは無関係に決まってしまい、市場経済への移行を準備するためのマクロ経済バランスの安定など望みようがない。私は、ウクライナがルーブル通貨圏から離脱し、少なくとも貿易金融の面だけでもこのような無秩序な関係を整序できたとすれば、それは当のウクライナのためだけでなく、ロシアのためにもよかったのではないかと思う。

とはいえ、シヴォルスキーさんをはじめ政府の若いリーダーたちの苦労は、まだ始まったばかりでもあった。たとえば、彼の言うように、フリー・バンキング問題はロシア企業との関係だけでなく国内企業同士の間にも蔓延しており、これへの対応を誤ると、それこそ収拾困難な超インフレに陥ってしまうだろう。

事実、国内の企業や組織の間の未払い債務は、過去一年間に一〇〇倍に膨張し、九二年末には四〇〇〇億カルボヴァーニェツに達していた。これは、同年の生産国民所得のおよそ一〇％にあたる。他方、国民通貨を持った九二年の秋以降、政府は補助金によっ

国内地域別の未払い債務額(1992年12月1日時点)

(単位:100万カルボヴァーニェツ)

地　域	未払い債務額	企業組織間債務	完成工事費の未払い額	借入金の未返済(長期)	(短期)
ウクライナ全体	406,045.2	393,444.1	1,787.1	10,800.6	13.4
クリミア共和国	9,982.4	9,772.4	70.8	139.1	0.1
ヴィンニツァ	6,597.2	6,396.9	45.8	154.5	—
ボリン	3,387.8	3,301.8	30.6	55.4	—
ドニエプロペトロフスク	67,812.2	64,956.1	283.4	2,572.6	0.1
ドネツク	99,721.4	98,692.5	71.1	957.7	0.1
ジトミール	7,213.0	7,168.2	8.6	36.1	0.1
ザカルパチア	3,528.3	3,368.0	3.3	156.9	0.1
ザポロージエ	11,399.9	10,972.7	12.7	408.6	5.9
イヴァノフランコフスク	12,385.1	12,285.5	55.4	44.2	—
キエフ(同市を除く)	8,375.9	7,401.8	75.5	898.6	—
キエフ市	18,037.8	15,119.0	396.3	2,519.8	2.7
キーロヴォグラート	6,439.6	6,350.0	20.6	69.0	—
ルガンスク	41,232.9	40,471.9	21.8	739.1	0.1
リヴォフ	18,925.5	18,449.1	68.0	408.1	0.3
ニコラエフ	2,892.2	2,844.9	35.4	11.8	0.1
オデッサ	10,747.7	10,016.4	21.6	709.7	—
ポルタヴァ	5,695.7	5,624.4	58.4	12.9	—
ロヴノ	4,066.4	3,987.6	9.5	69.3	—
スーミ	5,807.4	5,743.8	59.5	4.1	—
チェルノポリ	6,392.3	6,092.0	293.3	7.0	—
ハリコフ	29,634.5	29,012.6	51.3	568.8	1.8
ヘルソン	6,078.7	5,990.9	11.9	75.7	0.2
フメリニツキー	8,933.0	8,884.8	19.5	28.7	—
チェルカッスイ	5,665.9	5,593.5	15.0	55.8	1.6
チェルノフツイ	1,811.3	1,679.6	47.8	83.7	0.2
チェルニゴフ	3,281.1	3,267.7	—	13.4	—

出所:ウクライナ統計省『統計要覧』(1992年版)

て赤字企業を救う行動に出ていた。そして、それを裏付けるように、財務省による中央銀行からの借入は九二年一二月のたった一カ月の間に倍増し、九四〇〇億カルボヴァーニェツから一兆八七七〇億カルボヴァーニェツに膨らんでいた。インフレ抑制は、まさしく焦眉の課題になっていた。

一方、三月半ばには、懸案の外貨管理法も制定された。だが、その内容はロシアと同様、国は企業が輸出によって得た外貨収入の五〇％を買い戻すに過ぎないということに落ちつき、ピリプチュクさんやマルコフさんは大いに不満気だった。

当初、彼らは、ウクライナ通貨を安定化させるためには外貨をすべて国が買い戻すようにし、国内で使える現金はカルボヴァーニェツのみにしなければならないと主張していた。むろん、私も同感だった。広く知られているように、日本は戦後の混乱のなかで貿易を再開するにあたり、貿易権限だけはかなり早い時期に民間に移したが、外貨の管理だけは、その後かなり長い間、政府と日銀の手で独占的におこなった。私は、少なくともウクライナ通貨が国際通貨として認められるまでは、国による統一的な外貨管理システムが必要だと考えており、この点について、以前からマルコフさんに対して繰り返し強調してきた。

しかし、結局は国営企業の反対にあって実現しなかったという。「国営企業の連中には、国庫の破産などどこ吹く風だ。ヨーロッパの銀行にせっせとドルを溜め込んで、高級ベンツを乗り回しているというわけさ」。ピリプチュクさんの言葉を引くまでもなく、このような制度が国民経済の発展につながるはずがない。街では、ドルやマルクがますます幅を利かせるようになっており、ウクライナ通貨への信頼は失われていくばかりだった。

エネルギー確保という難題

このように、晴れて国民通貨を持ったとはいえ、ウクライナの国づくりはまだ緒についたばかりであり、先行きを考えるといかにも前途多難な船出だった。

当面のエネルギー需要をどう賄えばよいか、これもまた大問題だった。すでに述べたように、ロシアはウクライナのロシア離れに対抗するために経済制裁に打って出て、九三年には石油の輸出割当量を大幅にカットした。科学アカデミー省エネルギー研究所の試算によれば、この国の経済を維持するためには、少なくとも年間四三〇〇万トンの石油が必要だとされていたことから判断すると、九三年に一五〇〇万トン〜二〇〇〇万トンしか入らなくなるということだけでも、ショックは推して知るべしというものだ。

もっともこれに対しては、生産現場では以前からロシアのチュメニとの間でバーター交易がおこなわれていたし、他方、政府も早くからエネルギーの調達先を多様化する政策を進めており、九三年にはイランから五〇〇万トンの石油を輸入できることになってもいた。そして、受け入れ態勢を整えるために、黒海の港ユージュヌイ地区に石油の積み替え施設を建設する計画が進められており、順調にいけば年末までには完成する見通しだった。また、輸送方法としては、イランから黒海東岸に沿ってグルジア(二〇一五年四月に国名をジョージアに変更)経由でパイプラインを建設する計画があったが、コーカサス地方のあちこちで戦火が燃え盛っていたため、計画は暗礁に乗り上げていた。そこで、ドイツをはじめヨーロッパの実業界の協力を得て、ニコラエフにある黒海造船所で自前のタンカーを建造する軍民転換プロジェクトが検討されてもいた。

したがって、輸入割当量がカットされたこと自体は、ウクライナ側としてはある程度は覚悟していたことでもあり、政府にとってはそれほど大きな衝撃ではなかったと見ることもできそうだ。

だが、正しく当面の問題という意味で、悩みは意外なところにあったのである。ロシアは、ルーブル通貨圏から出ていく国々に対しては、貿易を国際価格ベースでおこなうことに決め、決済を政府間の双務契約ベースか、またはハードカレンシー(国際決済通貨)でおこないたいという方針を打ち出していた。たとえば、九三年にはロシア政府はウクライナに対して石油を最大二〇〇〇万トンほど輸出できる見通しだったが、そのうちおよそ九〇〇万トンは双務契約ベースでガスタービンやパイプライン、砂糖をはじめとする穀物などとバーターでおこない、それを超える分については個別にハードカレンシーで決済することを条件にした。むろん、ウクライナ側が輸出するガスタービンやパイプライン、穀物なども国際価格ベースにはなった。

「穀物が足りない」異常事態の背景

実は、政府の悩みはここにあった。ウクライナ側に、当面の双務契約に応じるだけの穀物が足りなかったのである。驚いたことに、九三年の年明け早々、政府は一一〇〇万トンの穀物をフランスなどから輸入することに決めたというではないか。いまや農業大国ウクライナは穀物の純輸入国になり、欧米諸国から不足分を買わなければならない苦境に陥っていた。

もっとも、穀物の輸入そのものは、ここであらためて記すほどのことではないだろう。事実、これまでもウクライナは国産の良質な白い砂糖を国内市場に回す一方で、それとは別にキューバなどから砂糖を輸入し、それを精製してロシアなどに輸出しており、その意味では穀物輸入は何もいまに始まったことではないからだ。

だが、今回の輸入はそれとはまったく訳が違っていた。というのは、経済混乱のもとで政府の買い付けが思うように進まなくなり、そのためになけなしの外貨をはたいて穀物を輸入しなければならなくなったのだから。

それは、次のような背景から生じた。すでに述べたように、九二年の穀物生産は四四〇〇万トン台に回復し、全体としてはこれまでどおりに必要量を賄える水準ではあった。ところが、コルホーズやソホーズの農民が、国際水準の数分の一にも届かないような低い価格で、しかも激しいインフレで価値が目減りする一方のクーポンで売ることに魅力を感じず、政府への売り渡しを拒んだのである。

農民にしてみれば、コストは二〇倍に上がる一方で、買い付け価格は一二倍になったに過ぎないというのでは、激しいインフレの下でとても生きてはいけない。そこで、彼らは穀物を政府に供出し、その見返りとしてわずかなガソリンや農業資器材の配給に与る代わりに、ロシアの企業からバーターで直接、それらを購入する行動に出た。

その結果、全体としては穀物はそこそこに穫れても、政府はエネルギーの輸入や製パン業への供給など、国営部門を維持するために必要なだけの穀物を確保できず、足りない分を輸入しなければならないというジレンマに陥った。

だが、このままでは、政府は双務契約分のエネルギーすら確保できないことにもなりかねない。そこで、止むなく穀物の禁輸が緩和され、九三年からは農民が農作業に必要なガソリンや資器材を調達する場合に限ってのみ、バーターが幅広く認められることになったという。農業はウクライナ経済の命ではあるが、また同時にエネルギーあればこその五穀でもある。ガソリンがなければ農作業もできず、国民経済は基盤を失い、国家が滅んでしまうだろう。おそらく、政府にとっては背に腹は代えられないという切羽詰まった判断だったに違いない。

指令に代わる新しい経済が生まれるか

ピリプチュクさんからこの話を聞いて、私は前年の夏、ハリコフ近郊のコルホーズの村でセミョーノヴィチさんに会った時のことを思い出した。その夏、セミョーノヴィチさんの村では政府への供出分を減らし、穀物と交換でロシアのチュメニ地方から直接、エネルギーを買っていた。交易条件は政府に売り渡すよりもずっと有利になったと、彼は明るい声で語っていた。

もっとも、経済の現場でおこなわれるこのようなバーター交易は、穀物禁輸の統制下では行政管理のザルから漏れ出た非公式の経済活動ではあった。だが反面、それは行政の不備を下から補完する、いわば自生的で不可欠なサブシステムというポジティブな意味合いを帯びてもいた。

私は、市場経済への移行という観点から見ると、政府の果たす役割が小さくなり、自由な経済に取って代わられることは望ましいことだと思っている。また、そもそもゴルバチョフ元ソ連大統領がペレストロイカを始めた背景のひとつも、上からの行政指令に限界を見出し、下からの民間活力に期待をかけたという点にある。やがて、このような草の根の経済活動が拡がるうちにサブシステムの果たす役割が大きくなり、指令に代わる新しい経済が育まれていくということでもあろうか。

一方、ロシア側の提案の背景には、エネルギー輸出のみに限らず、これからは貿易をすべてハードカレンシー・ベースでおこなうことにし、独立国同士の関係としてお互いドライにやっていこうではないか、という強い意向がはたらいていた。つまり、国民通貨を持ったとはいえ、カルボヴァーニェツはすぐには決済手段として認めてもらえず、石油や天然ガスを買うことはおろか、産業の資材や部品を買うこともできないということだった。これは、独自通貨を確立する過程で、この国が克服していかなければならない当然の試練でもあった。

むろん、このような事態に対しては、すでに前年の秋頃から、ウクライナがルーブル通貨圏を離脱した後の貿易決済システムのあり方として、クリアリング・アカウント方式が両国の間で検討されてもいた。これは、前にも述べたように、両国の中央銀行に企業ごとの特別口座を開き、お金の移動をともなうことなく口座上で相殺し、帳尻分を後でまとめて精算するやり方だ。だがその場合、ルーブルとカルボヴァーニェツの交換レートをどう決めるのか、また帳尻分を何によってどのように精算するのかという点について、依然として合意ができていなかった。

乏しい外貨準備、低い産業競争力

ウクライナ経済には孤立化の影が漂っていた。この国の生産国民所得に対する貿易依存率はおよそ三五％ぐらいだが、その八〇％近くが旧ソ連地域との貿易で占められ、主としてロシアに依存している。だが、このままでは貿易がますます停滞し、経済は縮小均衡に向かってしまうだろう。現にハリコフ市に住むラボシュリクさんの報告によれば、年明け以降、ロシアとの関係が緊密な東部では、ロシア企業はウクライナ通貨での支払いを一切認めず、ルーブルが手元になければ貿易をおこなうことができなくなっていた。そして、九三年の第一・四半期、生産国民所得は前年同期に比べて一一％のマイナスとなり、生産低下はなおも続いていた。新しい統計を私に見せながら、カメヌイさんは肩を落とした。

通貨とは何か。そもそもこの問いかけ自体、ソ連解体後、物動バランス優先の中央指令システムに代えて市場経済システムへ移行するために、旧ソ連の各構成諸国が直面することになった、新しく生々しい現実である。これらの国々にとって、市場経済への改革は、いわば本当の意味での貨幣経済への移行から始まるということかもしれない。

経済学の視点から見て、通貨の最も重要な機能のひとつは支払い手段としてのそれだ。その点では、いまや確かにカルボヴァーニェツはウクライナの通貨になり、現金としてだけでなく、預金通貨として国内の産業流通を媒介する手段にはなった。だが、それはまだロシアからお金として認めてもらえず、国境を越えた物の移動を媒介する手段にはなり得ていない。

一国の通貨が通貨として、つまり決済手段として他国に受け入れられるためには、自国の発行する通貨に対して、その価値を支えるだけの資産の裏付けを持っていることへの人々の信認が必要である。外貨準備もそうした資産のひとつである。そして、現在のような国際的な管理通貨制度のもとでは、中央銀行が円やドル、マルクなどのハードカレンシーへの兌換に応じる能力を十分に持っているという人々の信認が、中央銀行ののれんを支え、一国の通貨に決済手段としての資格を与える。つまり、兌換に応じるために保有する外貨の量が、一国の通貨の国際的な信認を支えている。

ところが、前にも述べたように、ウクライナの外貨準備は九二年の七月時点でわずかに三〇〇〇万ドル、半年後の九三年の一月時点でもおよそ一億六五〇〇万ドルに過ぎなかった。しかも、九三年には欧米諸国から穀物を輸入するために、なけなしの外貨を支払わなければならない苦境に陥ってもいる。また、外貨管理法はできたとはいえ、先にも述べたとおり、通貨当局が管理できる外貨は制度的には半分、実態はおそらくもっと少ないというのでは、国庫の外貨準備が潤うはずもない。

他方、外貨準備は、単純に言えば貿易収支黒字のストックが反映されたものという意味合いが強い。ロシアのエコノミストの試算によれば、これまでどおりの貿易を国際価格ベースでおこなうと、年間三〇億ドルから四〇億ドル、ウクライナ側の赤字になると

カルボヴァーニェツ・レートの推移(期央値)

項目	92年						93年		
	7	8	9	10	11	12月	1	2	3月
中銀レート									
(karb./$)	155	160	255	335	650	640	650	970	1,890
(karb./Rbl)	1.0	1.0	1.0	1.0	1.45	1.50	—	1.76	2.75
商銀レート									
(karb./$)	180	240	350	435	720	750	890	1,500	2,100
街角レート									
(karb./$)	250	280	350	480	765	1,050	1,200	2,100	2,200
(karb./Rbl)	1.2	1.7	1.5	1.4	1.7	1.7	2.5	2.5	3.2

出所：ウクライナ国立銀行資料，WINDOW ON UKRAINE および実査に基づいて作成
注1：1993年10月時点での為替レートは，1ドル＝25,000カルボヴァーニェツ，1ルーブル＝8.0カルボヴァーニェツ．

いう。これでは当然のことながら、市場はカルボヴァーニェツの下落へと動くだろう。事実、ルーブルとの交換レートは、ウクライナがルーブル通貨圏から離脱した九二年一一月には一ルーブル一・四五カルボヴァーニェツでスタートしたが、五カ月後の九三年三月末の時点では、ウクライナ国立銀行が決める公式レートが一ルーブル二・七五カルボヴァーニェツ、またキエフ市内の銀行では三・五カルボヴァーニェツ、他方、モスクワでは四カルボヴァーニェツ以下になっていた。

私は、カルボヴァーニェツ相場の下落は、直接的にはドルとの関係ではなく、まずルーブルとの関係で説明されるべき問題ではないかと思う。それは、ひとことで言えば両国間の貿易収支バランスの問題だ。あるいは、両国の輸出品を代表する石油と穀物の間の、相

対価格(特定の商品一単位と交換される他の商品の量)の問題と言い換えることもできるだろう。そしてその点で、石油は穀物よりも強かったということだ。

ウクライナは、いまもルーブル通貨圏の国である。ルーブル通貨圏とは、ルーブルを法定通貨として使用する領域、ならびに西側通貨とリンクできず、ルーブルに価値をリンクさせた通貨を使用する領域を指す。たしかに、ウクライナはカルボヴァーニェツという国民通貨を持った。だが、経済的にはロシアへの依存が欠かせないなかで、外貨準備がほとんどなく、カルボヴァーニェツにロシアからの信認が得られない以上、当面はルーブルに対してカルボヴァーニェツの購買力を安定させることを、金融政策、財政政策の柱にしていかざるを得ない。もっとも、肝心のルーブルが安定しないのでは、いつまでもルーブル通貨圏に踏みとどまる意味はさらさらないのだが……。

一方、私は、ウクライナ経済を安定化させるためには、実勢水準を考慮して為替レートをいったん固定するとともに国が外貨をしっかりと管理し、マクロ経済が落ちつきを取り戻すまでは国内価格と貿易価格を明確に区分して輸出入を管理する、という政策が欠かせないように思う。

たしかに、貿易を自由化し、為替レートを自由化することは、市場経済への移行を目指す政策としていずれは必要だ。しかし、価格メカニズムという「見えざる手」への楽観もまた禁物だ。自由貿易を前提とする経済では、国際分業における比較優位の原理、つまり各国は外国に比べて国内で割安に生産できる財に優位性を発揮するという世界的規模の市場経済メカニズムが、ウクライナの経済発展の道筋を自ずと決めてしまうだろう。

だが、ウクライナの産業には競争力がない。なんでもひと通りはできそうだが、世界市場に出してもとても売れそうにない粗末な物ばかりだ。穀物と鉄鋼、レアメタルなどの一次資源と兵器を除けば、差し当たって世界市場で競争できるような製品は、この国にはなさそうだ。

金融関係者との会談．右から順にウクライナ国立銀行　マルコフ総裁代理，ウクライナ・ファイナンシャル・グループ　シャーロフ副頭取，筆者

長期間のウォーミングアップが必要

また考えてみれば、新興国のウクライナがルーブル通貨圏から離脱すると同時に為替レートのフロート制を採用し、世界市場の一員として発展していきたいと望んでも、強豪が凌ぎを削るなかで比較優位を発揮できる術は

なく、まずは西側商品の恰好のマーケットになり、カラフルな消費財ばかりがショーウインドウを飾り、それを防ぐために通貨がますます切り下がってしまうというのが落ちだろう。

私は、この国が一から出直すためには、産業に磨きをかけるための長期間のウォーミングアップが必要だと思っている。その際、トレーニングのためのリングとして相応しいのは旧コメコン諸国であり、中国やインドなど、旧社会主義圏の国々との貿易ということになろうか。これらの国々とは、産業のレベルも似ているし、貿易のつながりもできている。大体、貿易の間口を広げようにも、西側のマーケット情報を収集するためのネットワークがこの国にはないのである。旧ソ連の西側への出先機関である通商代表部をロシアが継承したために、ウクライナは貿易を拡げるための手足をもぎ取られてしまっているからだ。

独立後二度目の春が、もうすぐそこに来ていた。通貨確立への道は遠くて険しい。「フリブナを導入するのは経済が安定してからだ。生産低下が止まり、インフレが落ちつくことが条件だ」。マルコフさんはそのように強調した。ウクライナが安定的な購買力を持った独自通貨を確立し、ルーブル通貨圏から自立できるのはいったいいつの日のことだろうか。

終章　ドンバスの変心とガリツィアの不安

東部ドンバスの製鉄所

一九九三年初秋。半年間のウクライナ調査から帰国して、早いもので間もなく一年が過ぎようとしている。この間は、前章で記したように、年が明けた三月末に二週間ぐらいかけてモスクワとキエフを駆け足で回ったことを除けば、東京での調査に慌ただしく追われる日々だった。

帰国してしばらくは「なんだか声が大きくなったみたい」と、職場の仲間たちにたびたび指摘されたものだ。コサックの国で半年間も、見るからに武骨そうな独立派のナショナリストや逞しく太ったボリシェビキの残党たちに囲まれて揉まれたためか、あるいは東京のオフィスとは異なって、天井が高くてゆったりとした大きな執務室にいたためか、声を張り上げて話す癖がすっかり身についてしまったものらしい。私は、少し長く居過ぎたかな、とも思った。だが、その心配は無用だった。出社したその日からもとどおりの生活が始まった。夜はワープロに向かってせっせと残業に精を出し、また時には上司や仲間たちと盃を傾けては愉快に気をほぐす、そういう毎日が戻ってきた。帰国して一週間もすると、私はサラリーマンとしてのリズムを難なく取り戻すことができた。

いま、あらためて振り返ってみると、経済改革管理委員会で見つめてきたピリプチュクさんたちの苦労や、また首都キエフから遠く離れて地方を旅した時に垣間見たウクライナの素顔は、国民経済がどのように形づくられるかという、いわば経済学の基本的な問いかけに対する生々しい答えだったように思う。むろん、答えはまだ完結してはいないのだが……。

通貨が経済の血液となるには

ウクライナの国づくりは、ゼロからの出発として、経済主権の確立を目指すことから始まった。具体的には、通貨を確立し、その発行を管理して国民経済を運営することだ。だが、ひと言で通貨の発行といっても、まず技術的な問題として印刷技術と設備をどうするかという点から始まって、ルーブルの回収や新しい貿易決済システムの検討なども必要だ。また、通貨を発行しても、中央銀行制度が整っていなければ、マネーサプライを管理することはできない。さらに、政府は国家財政があってこそ役割を果たすこともできるのだが、そのためには税制が確立され、徴税システムが機能していなければ話にならない。他方、対外的な問題としては、富の流出を防ぎ、外国の影響を排除して経済を運営するための関税制度も必要だ。外貨管理制度も欠かせないし、世界経済から孤立しないよう、貿易を軌道に乗せることも重要だ。このような制度がすべてしっかりと整ってはじめて、通貨は血液となって経済活動をうまく媒介し、政府は国民経済を運営できる。しかし、旧ソ連時代にはモスクワの指導を受けて下請け仕事をこなす地方組織に過ぎなかったため、政府や国家機関のあらゆる部門で人材やノウハウが不足している。そのため、ウクライナは独立後一年目にして晴れて通貨を発行することには成功したが、それを安定させるための諸制度が整わないために通貨がうまく機能せず、その後は出口のないひどい混乱状態に嵌《は》まってしまう。

ウクライナ通貨の実勢為替レートは、九三年一〇月には一ドル二万五〇〇〇カルボヴァーニェツ程度にまで切り下がり、その結果として生じた輸入価格の高騰に対して、産業界から激しい不満の声が上がるようになった。

そこで、政府は国営企業の不満を抑えるために、一一月にウクライナ通貨の公式レートを一ドル五九七〇カルボヴァーニェツに固定し、フロート制から固定相場制に切り換えた。ところが、この水準ではウクライナ通貨を著しく過大評価することになるために、政府は巨額の価格差補助金の負担を抱え込むことになり、国内のインフレ圧力をいっそう高める結果になった。

一方、国際機関は、ショック療法を拒み、漸進的な改革路線をとっているこの国に対し、改革を躊躇しているのではないかと疑って、支援には消極的なようだった。私自身は、ショック療法は、旧ソ連や東欧諸国の経済を自由貿易を前提とするただひとつの世界経済に編入し、冷戦終焉後の新しい世界秩序を築いていこうという西側諸国の意思で貫かれているという点で、おそらく他に比類のない首尾一貫した経済思想だと思う。

漸進的な改革が現実的な選択

だが、前にも述べたように、ソ連解体後、ロシアと違ってウクライナは、改革どころか、まず国民経済のかたちそのものを整えなければならなかった。この事情を理解すると、私にはこの国がマネタリズムの考え方に沿って急進的な改革に乗り出すのではなく、旧体制からの継続性を踏まえた漸進的な改革に頼らざるを得ないのは当たり前のことで、むしろ現実的な選択のようにさえ思われた。

たとえば、生産低下に歯止めをかけようと思えば、長い移行期間を設けて、その間は依然として経済の母体として残っている国営大企業の力に頼らざるを得ず、同時にこれは民営化のペース、形態、方法などにも自ずと影響を与えざるを得ない。

また、ウクライナに限らず旧ソ連の国営企業は、企業というよりもひとつの村であり、町である。そこには工場だけでなく、託児所から学校、住宅、食堂、商店、診療所まで、生活に必要なものはほとんどみな揃っており、数万人の労働者と家族が一堂に暮らしている。したがって、それをいたずらに潰すことにでもなれば、そこに息づくコミュニティ全体が窒息し、社会が崩壊してしまうだろう。

他方、税制もしっかりとは確立されておらず、しかもそれ以前の問題として徴税システムそのものがまともに機能せず、国の歳入が予算どおりに確保できるかどうかも定かでないというのに、ただただ呪文のように財政赤字を減らせとだけ強く迫られるというのでは、政府はいったいどのように財政をやり繰りしていけばよいのだろう。したがって、このような意味では、私はウクライナの立場に与《くみ》したいと思う。

通貨の機能そのものが新しい現実

だが、もっと基本的な問題として、そもそも通貨の働きそのものが、この国の経済にとっては新しい現実だったのではないか、という点も見逃せない。旧ソ連経済は計画至上主義に基づいていたため、政府や企業の予算は物の動きに合わせていかようにも膨らむものだった。そこでは、お金は産業間の取り引きを媒介する手段としては機能しておらず、現金が使われるのは個人との取り引きのみに限られていた。しかも、消費市場では価格はコストをまったく反映しておらず、電気やガス、家賃などの光熱費や住居費、地下鉄やバスなどの運賃はタダ同然であり、またパンやバターやじゃがいもは誰もが等しく買えるように安く売られ、むしろ経済全体がモノ中心の配給制度に近かった。したがって、その意味では、この国の市場経済への移行は、本当の意味での貨幣経済への移行から始まると言ってよいかもしれない。市場に基づく国民経済建設への道のりは、まだまだ相当に長く険しいプロセスになりそうだ。

他方、ゼロから出発するということには、また別の意味もあった。ウクライナは長くロシアの陰に入っていたために、これまでは外国と独自に接触する機会が少なかった。しかも、彼らには対外関係としてロシアとのそれ以外にはほとんど経験がなく、ロシアからの独立がこの国の独立のすべてだったため、国際社会の中の独立国としては考え方や行動パターンに大いに問題があった。

たとえば、ロシアとの経済関係を例にとれば、私は、石油や天然ガスの輸入に対してはしっかりと外貨で支払うべきだと思っている。むろん、そのためにはダンピングをしてでも輸出を増やし、またその前提として国が外貨をしっかりと管理することが重要だ。双務契約やクリアリング・アカウント方式では、条件の曖昧さがどうしても拭いきれず、双方に不満が残ることになるだろう。このためウクライナは、領内を通ってシベリアからヨーロッパへ抜けるパイプラインの通行料やセヴァストポリ軍港の使用料、また最近では黒海艦隊の帰属問題やSTART-I(第一次戦略兵器削減条約。ソ連崩壊前の九一年にアメリカとソ連が調印)の批准問題などを駆け引きのカードとして次々に切ることになり、そのことがまたお互いの反目をいっそう深める結果になってもいる。

たとえば、旧ソ連の黒海艦隊の帰属をめぐっては、九三年六月にモスクワでエリツィン、クラフチュク首脳会談が開かれ、同艦隊を半分に分けて両国がおのおの五〇%ずつを持ち合うこと、また黒海に面するセヴァストポリ軍港をウクライナがロシアに長期貸与することで合意した。続いて九月にはヤルタに場所を移して首脳会談が開かれ、同艦隊のウクライナ所有分をロシアに売却すること、またウクライナに配備されているすべての核弾頭をロシアに移送することなどが合意された。

これに対して、議会のナショナリストたちは、一連の合意をウクライナの主権を揺るがす政治的な取り引きであるとして激怒し、最高会議は紛糾した。合意の背景には、ロシアからの石油、天然ガスの輸入代金をウクライナが支払えず、このままではエネルギーの供給が止まってしまうという切羽詰まった経済事情があった。

私には、このようなやり方は身内同士の甘えの裏返しのようにしか思えない。ロシアからの独立ではなく、広い国際社会の一員として諸外国と同じ立場でロシアと渡り合っていく、それがウクライナの出発点になるべきだ、またそのための苦労が、この国を築いていくための力になるはずだ、私はそう思う。

地域の多様性と新しい市場の萌芽

とはいえ、キエフを離れて地方を回ってみると、ウクライナ経済には希望を持てる点も多かった。たとえば、郊外のコルホーズの村々で垣間見た物々交換が織りなすコミュニティ経済には、単なる原始的なバーター経済とのみ言い切れない、何かポジティブな力があるように思われた。彼らを結ぶのは、地縁的な相互扶助のネットワークだったり、旧システムから踏襲された物動ネットワークだった。むろん、それはいまになってはじめて見受けられるようになったことではなく、指令経済の欠点を補うサブシステムとして、ソ連時代にも静かに営まれていたものではある。だが、旧システムが崩壊し、かたやそれに取って代わる新しいシステムが確立されていないなかで、バーター経済は上から被せられる制度の不備を下から力強く補うものとして、いまではかけがえのない積極的な役割を果たしているように見える。

しかも、お金を介さないとはいえ、そこには紛れもない市場があった。コルホーズの農民は、自分たちの手でバーター交易をした方が政府の世話になるよりもずっと有利であることを知り、いまではできるだけ国家の搾取から逃れて草の根の交易をもっと大きく育てていこうとしていた。やがて、このような地域や企業間の物々交換のネットワークが拡がるうちに、それが形を整えて市場が育ち、指令に代わる新しい経済の仕組みが形づくられていくということでもあろうか。

また、この国では、首都キエフだけでなく国内のさまざまな拠点で、地域ごとに経済発展の条件を踏まえた新しい資本主義化が始まろうとしていた。ウクライナには、近い将来、三つの自由経済特別地域をつくる計画がある。まず、南で黒海に洗われるオデッサ港一帯と、西で中・東欧諸国と交錯するザカルパチア地方のウジゴロド一帯、また東ではロシアと緊密に結ばれた工業都市ハリコフ一帯だ。

黒海のまわりでは、トルコを中心に沿岸諸国間の経済協力が活発になるだろう。またウクライナも、石油の買い付け先を多様化するためにイランとの関係を強めている。オデッサが南で海の玄関を目指すならば、ザカルパチアは西の国境の物流基地を目指すだろう。ウジゴロドは、第二次世界大戦前まではハンガリーやチェコスロバキア領だったところだ。ハンガリー人が二〇万人ほど住んでおり、これまでにも中・東欧だけでなく西側企業の進出が相次いでいる。将来は、ここを経由して、首都キエフがヨーロッパの諸都市と高速ハイウェーで結ばれるだろう。他方、ハリコフは国内有数の工業都市の一つで、経済的にロシアとの相互依存関係が緊密な地域だ。また、この地域にはロシア人も多い。政治と経済の両面で、ウクライナが安定するためにはロシアとの友好な関係は欠かせない。

このように、ソ連解体後のウクライナでは、首都キエフに一極集中するのではなく、国内のあちこちで地の利を活かすかたちで、あるいは経済的な必要性に応じて、拠点ごとに市場経済への模索が始まろうとしていた。しかも、そのような動きが、ソ連という強い中央集権システムが消えた跡に現れたという点が重要だ。ウクライナが市場経済へ向かうプロセスは、欧米やアジアの国々がたどったそれとは異なる、新しいタイプの経済発展になるかもしれない。他方、先に挙げた三つの経済特区構想は、この国の将来の姿を指し示してもいるだろう。黒海に臨むウクライナは、遠くモスクワとベルリンを等距離に結ぶ大欧州の臍なのである。

地域間の対立と民族間の摩擦

日本にいると、ウクライナは本当に遠い国だと思う。衛星放送を除けば、日本のテレビ番組でウクライナのニュースが流れることはまずないし、時々、新聞の国際面に小さな記事が載るぐらいだ。しかも、記事になるものはと言えば、西側諸国のエリツィン支援に呼応して、クラフチュク大統領もまた支持を表明したということだったり、あるいはロシアとの間の核武装解除の問題が拗《こじ》れているということだったりだ。

ついでながら、START‐Iの批准問題について付言すれば、ウクライナはロシアに次ぐ旧ソ連第二の核保有国であるため、ソ連崩壊後の危機管理という点で欧米諸国の関心は当然ながら高い。

ソ連解体後、ロシア、ウクライナ、ベラルーシ、カザフスタンの四カ国は個別にSTART‐Iを批准することになり(九二年五月、リスボン新議定書)、ロシア、ベラルーシ、カザフスタンの三カ国はすでに批准を済ませていたが、ウクライナは、(1)非核保有国になった場合の自国の安全に対する核保有国の保障、(2)核移送、廃棄にともなう費用の補償ないし資金援助、(3)核廃棄プロセスの国際管理・監視、の三点を条約批准の条件として譲らず、批准手続きは遅々として進んでいなかった。そのため、ウクライナが当面、核大国としての地位を保持するのではないかという懸念を生んでいた。

もっとも、便りのないのは良い報せとも言う。だが、これはただ単に日本にとってニュース性がないというだけのことに過ぎないらしい。どうやら、日本にとってのウクライナ問題は、ロシアという鏡を通してしか意味を持たないということのようだ。

日本は、領土問題では常々ロシアを腹立たしい国と思っているにもかかわらず、ロシアとウクライナの関係になると、ロシアを通してしか物事を見ない傾向があり、したがってロシアの立場からしか問題を考えない傾向があるようだ。日本としては、ウクライナの立場に立ってロシアを見る、という視点も欠かせないのではないかと私は思う。

そこで、最後にそういう意味を込めて、最近のウクライナ情勢について私が注目しているある変化について述べて、本書を締め括ることにしよう。

この国はいま、地域間の対立と民族間の摩擦で激しく揺れている。九三年の六月、東ウクライナのドネツ炭鉱で労働者が賃上げを求めてストライキに立ち上がると、それが周辺の軍需産業を巻き込んで反クラフチュクの一大政治ストライキに発展し、東部を中心にゼネスト状態になった。他方、首都キエフでは大統領と政府と議会が三つ巴になって厳しく対立し、国の統治システムそのものが崩壊しそうになった。その後、クチマ首相が辞任して大統領がそれを兼ねるかたちで直接統治が導入され、他方、議会のあり方については九四年三月に新しい議会選挙をおこなうことで妥協が成立し、混乱は一応収束したかに見える。

だが、事はそれほど単純ではなさそうだ。混乱の中から問われているのは、まさしくこの新興国家の構造的な矛盾そのものだからである。

第4章で述べたように、この国は、国土の東部と西部とでその歴史的な生い立ちと経済の成り立ちが大きく異なっている。そのため、皮肉にもソ連が崩壊してしまうと、国家として一つにまとまりにくいという構造的な脆さとあらためて向き合うことになった。ガリツィアと呼ばれる西ウクライナは、長くヨーロッパとともにあってポーランド、ハプスブルク帝国の一部として発展し、他方、ドンバスを中心とする東ウクライナは早くからモスクワの傘下に入り、ロシア帝国と一体になって発展した。

また、人口で見ると、東部や南部を中心に全人口の二一%、およそ一一〇〇万人のロシア人が住んでいる。九一年一二月の国民投票では、これらのロシア系住民の多くがこの国の豊かさに希望を託し、ウクライナ人とともに独立への意思を表明した。だが、それから一年以上が過ぎたドンバスでは、西ウクライナのナショナリストたちが反ロシア政策を急ぎ過ぎたために経済がますますひどくなった、という苦い思いが拡がっている。

ウクライナという鏡に映るロシアの顔

帝政ロシアの時代以来、東ウクライナではドネツ炭田の石炭とクリヴォイログの鉄鉱石を活用して鉄鋼業が盛んになり、ドニエプル河の中流域に突出した一大重化学工業地帯が形成された。さらに、ソ連時代になると工業化がますます進み、この地域はロシアのウラル、シベリア地方とともに旧ソ連を世界第一位の鉄鋼生産国に躍進させる原動力になり、また冷戦時代には日本でも有名だったSS20ミサイル・シリーズを生産する、旧ソ連有数の軍需産業コンビナートに発展した。そして、そこで働く人々はロシア人、ウクライナ人であるとを問わず、モスクワから手厚い保護を受けてきた。

ところが、ソ連が解体して冷戦が終わると、環境は一変した。ロシアとの関係が細り、戦車の注文が途絶えては鉄鋼の街は成り立たないし、軍需産業の労働者たちはみな失業のおそれが生じた。そこで九三年の春頃から、ハリコフ州を中心に東ウクライナの国営大企業が中心となって地元の炭鉱労働者と連帯し、この地域に経済自治を確立してロシアとの一体化を求めようとする動きが目立ってきた。そして、いまや東ウクライナは、厳しい不況のさなかにあって、ロシアとの再統合をはっきりと求め始めているのである。

だが、このような東部の行動を、西ウクライナのナショナリストたちが手を拱いて眺めていることはあり得ない。彼らの記憶は呼び覚まされたはずだ。一九一七年の一〇月革命に際して、ハリコフがボリシェビキ派の拠点になり、またその年の一二月には、ここでウクライナ・ソヴィエト共和国の樹立が宣言されたことは、ガリツィアに住むすべてのウクライナ人の記憶に刻み込まれている。それだけではない。それに続く内戦期を経て三四年七月まで、ハリコフはこの国の首都であり続け、ソヴィエト政権はここを拠点としてキエフの民族派政権と対峙した。そして当時、ドンバスで働く鉄の男たちは激しい労働運動を展開し、革命派の一翼を担ってキエフ政権に立ち向かったと言われている。おそらく七〇年後のいま、ドンバスから燎原の火のように拡がったストライキの波間に、ガリツィアのウクライナ人はモスクワの影を見ているに違いない。

事実、私は、東ウクライナを中心とする国営大企業の行動は、底流でロシアの産業界のそれとしっかりひとつに結ばれていたように思う。九二年の夏以来、両国の産業界が互いの連帯を確認し合い、通貨政策の相違による貿易の分断と急激な民営化の着手にこぞって反対し、両国のその後の政策決定に強い影響を及ぼしてきたと見られることについては、これまでにも折に触れて記してきたとおりだ。

エネルギー供給の削減が、経済的な手段を使った外側からの揺さぶりだとすれば、東ウクライナに住むロシア人たちはいま、帝国を再建したいというロシアの意思を代弁する勢力として、内側から揺さぶりをかけているように思われる。少なくとも、ウクライナという鏡に映るロシアの顔は、日本からモスクワを通してのみ見るような、民主国家を目指すという化粧を凝らしたそれとは大いに異なっている。

私はいま、九二年の秋、ハンガー・ストライキのテントの中で、リヴォフ大学から参加したひとりの男子学生が語ってくれた言葉を思い出す。

「ウクライナは、ロシアに対する主権を何よりも重視してきた。だがそれは、旧共産党幹部と独立派ナショナリストの間の取り引きによるものだ。政府が、これまで思いきった反インフレ政策を打つことも、経済の構造転換を前進させることもできずにいるのもそのためだ。独立派のナショナリストは、クラフチュク大統領が率いる旧共産党幹部の生き残りを認めたため、その後の政治、経済改革は緩慢なものになった。他方、旧共産党幹部は見返りとして、反ロシア政策を強く打ち出すことを受諾した」

私には、彼の言うような取り引きが実際に交わされたかどうかはどちらでもいい。あるいは、それは若い純粋な学生たちの間での、単なる噂の域を出ない話だったかもしれない。だが、これまでに報告してきたように、ソ連解体とともに始まったウクライナの国づくりが、事実上、両者の妥協が織りなす危ういバランスの上に成り立ってきたことは否めないように思われる。そしていま、経済の崩壊に直面して、このようなバランスを維持することが次第に難しくなってきた。そのことを、ドンバスとガリツィアの心の谷間は物語っている。

私は、いつの日か、ピリプチュクさんをはじめキエフで知り合った仲間たちが政治的にも経済的にも、また彼らの意識の上でもロシアのくびきから自由になり、彼らとともにゆっくりと国づくりの日々の苦労話に花を咲かせることのできる時が来ることを願いたいと思う。

後　記

「ロシアは、獲得した領土の分だけ支配の苦しみを味わってきた」。ロシアという国の未来を思う時、二〇世紀初頭にその名を馳せたウクライナの思想家N・ベルジャーエフのこの言葉があらためてよみがえる。

この国のジレンマは、大きくなり過ぎた領土の問題に由来することが多いだろう。ソ連の解体とともに、北ユーラシアは七〇〇年来の再編過程に入ったという見方もある。そうだとすれば、モスクワの空を焦がした一九九三年一〇月の炎は、これから始まる長い動乱の時代へのほんの予兆に過ぎないということなのかもしれない。

一方、ウクライナにとって、奇しくもその秋は、歴史的な大飢饉から数えてちょうど六〇年目にあたっていた。一九三三年一一月、ウクライナでは西部を中心に五〇〇万とも七〇〇万とも言われる多くの農民が餓えて死んだ。スターリンが農業の集団化を強行したためである。そして六〇年後のいま、月間七〇%を超えるとも言われる猛烈なハイパー・インフレに見舞われて、ウクライナは国家の存亡を賭けた厳しい選択を迫られている。クチマ首相は就任後一年にして辞任に追い込まれ、議会はクラフチュク大統領による直接統治を受け入れようとしていた。

結果的に、本書はロシアの九一年八月政変から九三年一〇月政変にいたるまでの、ウクライナ独立への七三〇日の記録となった。


『通貨誕生』は、私にとってはじめての本である。いま時、ウクライナについて語ってみても、果たしてどれだけの人々の心を捉えることができるだろうか、そんな不安もある。

だが、本書で描きたかったのは、実はウクライナそのものではない。私が書きたかったのは、ウクライナという鏡に映ったロシアの姿だ。自らは炎の中にありながら、小さな隣国の首をじわじわと締め上げている、そういうロシアの矛盾についてだ。あるいは、ウクライナはついに国家を形成できないままに息絶え、再びロシアという大きな影に呑まれてしまうのだろうか。

もっとも、人は自らの身の丈以上には、日々の変化を感じ取り、その背後に隠された意味を推し量ることはできないだろう。また自らの身の丈以上には、目の前にいる相手の言葉を理解することはできないし、そこに込められた思いを汲み取ることもできないだろう。私の理解の仕方に誤解や浅さがあるとすれば、それはひとえに私自身の身の丈が足りないためだと思う。

本書は、「独立ウクライナ　新通貨発行へ」と題して一九九二年一二月号の『外交フォーラム』(編集・都市出版、編集協力・外務省、発行・世界の動き社)に書いた緊急レポートをベースにして、ほぼ全面的に書き下したものである。

長編をまとめるにあたっては、多くの方々に助けていただいた。まず、東京大学教養学部の中井和夫助教授には、ウクライナの歴史について貴重なご指導をいただいた。また、日本長期信用銀行の佐藤隆顧問には、ご多忙中にもかかわらず草稿に目を通していただき、中央銀行制度や金融の問題などについて多くのアドバイスをいただいた。

他方、私の希望を受諾し、半年間、ウクライナに派遣してくれた勤務先の長銀総合研究所の皆さんには、心から「ありがとう」と申し上げたい。竹内宏理事長をはじめ、上田信行さんや伊藤正憲さんにはたいへんお世話になった。また特に、総務を担当している熊田久江さんは、度々の海外出張や社内業務の手続きをいつも快適に処理してくれる。このような多くの方々の支えがあればこそ、本書は世に出ることができた。

四月にこの本を書き始めた頃は、三カ月もあればすべてが終わるだろうと思っていた。だが、実際に書き始めてみると、毎日の業務をこなしながら週末の夜をつなげて三〇〇枚の原稿を書き下していくことは多難であり、夏休みや連休には子供たちを妻の実家に疎開させ、ひとり黙々と書きつづけることになった。どうやらゴールまで漕ぎ着くことができたのは、ひとえに都市出版の佐道明広氏のおかげである。心もとないことだが、小著が同氏と、上梓の機会を与えて下さった粕谷一希氏の期待にいささかなりとも応えるものであることを願うのみである。

最後に、九三年五月末、キエフの日本大使館に初代特命全権大使として着任された末澤昌二氏と、大使館の皆さんのご健康とご活躍を心からお祈りしたいと思う。

一九九三年一一月　擱筆

追記Ⅰ
誰にウクライナが救えるか
――友ユシチェンコへの手紙

春遠き夜、キエフにて

三年間の日本大使館勤務から帰国して以来、すでに一五年の歳月が過ぎようとしています。私の離任を数日後にひかえた一九九九年三月一五日、ウクライナ国立銀行総裁の要職にあり、激務の貴殿を大使公邸の夜宴に招いたときのことを、いまは懐かしく思い起こします。

みぞれ降りしきる、いまだ春遠き夜でした。あの日、約束の七時に一時間近くも遅れて到着した貴殿は、側近のリバチューク国際局長とともに愛用のバイオレット・グレーのボルボから降り出ると、公邸の玄関に向けて慌ただしく駆け込んできました。その手には、ワシントンのＩＭＦ本部とつながったままの携帯電話が握られていました。

「あなた方に経済を改革する勇気がないのなら、われわれはこれ以上資金を貸すことはできません」

右：ユシチェンコ元大統領，左：リバチューク元補佐官．2019年9月，倉井高志大使公邸にて．撮影：著者

通貨防衛のあくなき闘いはつづいていました。前年夏、ロシアの金融市場が崩壊してウォール街を凍りつかせた九八年八月、ロシアへ大きく依存するウクライナもまたデフォルト（債務不履行）の危機に直面しました。そして、その後はまさに俵に足をかけたまま、土俵際でかろうじて堪えているような状態にあったのです。

しかも、頼みとするIMFのスタンドバイ・クレジット（中期融資プログラム）は、深刻な流動性不足のなかで前年九月にいったんはスタートしたものの、財政支出削減のための電気・ガス料金の引き上げや、年金制度の改革などの条件が満たされていないとしてその継続が見送られており、再開をめぐってワシントンとの間で連日厳しいやりとりがおこなわれていたのでした。

食事が終わったときには、すでに一〇時を少し回っていました。

「ウクライナ政府はロシアの影響を最小限にコントロールし、またデフォルト（債務不履行）を回避するため、債務のリストラクチャリング（償還期間の長い債券への巻き替え）にも成功しました。われわれは現在、IMFと率直かつ精力的に交渉をおこなっています。融資は近いうちに再開されると確信します」

最後に、貴殿はこう希望を表明しました。そして、「まだやり残した仕事があります」と言い残し、足早に車に乗り込む後ろ姿を、私はうっすらと白い雪が積もった玄関先から見送りました。実際に再開されるには、さらに二カ月後の五月はじめまで待たねばならなかったのですが……。

私がキエフを発ったその年末、貴殿はウクライナ・リバイバルの切り札として首相に指名され、翌年にはシティやウォール街の名だたる投資家を相手に債務の繰り延べ交渉を成功させ、国民の支持を獲得します。その年、ウクライナのGDPは独立後はじめてプラス成長に転じました。そして、四年後の二〇〇四年には、国を東西に二分する大混乱となった、かの「オレンジ革命」を率いてヤヌコーヴィチ氏に勝利し、翌年一月にウクライナの第三代大統領に就任したのでした。私は、貴殿の活躍ぶりをモスクワで陰ながら応援していました。

「オレンジ革命」が無血の政権交代であったのに対し、ユーロマイダン(「マイダン」は広場の意)の反政府運動に端を発するウクライナ二〇一四年二月政変は、警官を含む八〇名を超える血の犠牲によって遂げられました。

その背景には、貴殿の後継、ヤヌコーヴィチ前大統領の権威主義政治がもたらした汚職と腐敗、経済の破綻に対する国民の激しい憤りがあったと私は考えています。もちろん、多くの論者が指摘するように、同氏が二〇一三年末、EU(欧州連合)よりもロシアとの関係を選んだことへの落胆と反発はあったでしょう。けれども、それ以上に、人々は社会の腐敗と経済の行き詰まりに対するやり場のない不満を抱いて「マイダン」に集ったのです。

そして、群衆の不満は武装ナショナリストの蜂起によって煽られ、暴動の悲劇へと発展しました。

他方、この事態を受けて、主要な野党勢力の代表とヤヌコーヴィチ大統領(当時)、EUやロシアの当局者たちは政治危機の収拾で一旦は合意しました。が、まもなく決裂し、同大統領は失脚します。私は二〇一四年二月の政変をこのように理解しています。

一五年後の再訪

さて、二〇一三年一〇月はじめ、私は懐かしいキエフを訪れました。まず、そのときの印象について述べたいと思います。

ウクライナの首都キエフは、ヨーロッパ史の名残をとどめるスラブの古都です。帝政ロシア時代、キエフの街は、肥沃な黒土がもたらす砂糖や小麦、とうもろこしと、ドニエプル河の水利を活かした交易で繁栄します。往時の美しい街並みの多くは、二〇世紀に入って社会主義リアリズム、すなわち別名「スターリン様式」と呼ばれる灰色の建物群とナチス・ドイツの侵攻によって損なわれはしましたが、商業と貴族と革命の歴史の痕跡は、高台の官庁街や河川港からほど近い旧市街に点在する、ルネッサンス風の文様や漆喰の紋章で飾られた淡いブルーや柔らかなクリーム色の邸宅と、それらにまつわる企業家やデカブリストの家族、幾多の詩人たちのエピソードとともに、いまも面影をとどめます。

街の中心をほぼ南北にフリシャーチク通りが走ります。そのひとつ西の裏通り、閑静なプーシキンスカヤ通り五番地。一五年の不在のうちにあたりはすっかり変わっていました。懐かしい気持で歩いていると、トルクメニスタン大使館と斜めに向き合うその場所に、見覚えのある淡いブルーの四階建ての住宅が、まるでそこだけが切り取った絵のように昔ながらの姿で建っていました。かの「マイダン」は、そこから歩いて数分の距離です。キエフでの在勤中、私は家族とともにその古い住宅の四階を借りて住んでいました。

余談ですが、住宅のオーナーはウクライナ正教会のデニセンコ総主教(正式には「フィラレート」と称される)でした。広間の高い天井からは眩《まばゆ》いほどのシャンデリアが吊り下がり、壁には年代物の荘厳なイコン(聖像の絵)が架かっていました。私はこのアパートを、火事にあった聖堂の修復費用に充てたいという事情を聞いて借り受けたのでした。月はじめになると、フィラレート自ら、艶のよい白い顎ひげをたくわえた老紳士姿(普段はグレーのジャケットを着ていました)で家賃の受け取りに訪れます。たまに聖ソフィア寺院前の広場などで、教会行事を見守る群衆のなかに私と家族の姿をみとめると、フィラレートは威厳をたたえた表情を崩さないながらも、少しばつの悪そうな顔をしていましたが……。

汚職と腐敗、低迷する経済

それはともかく、懐かしさとは別に私の心を重くしたのは、汚職と腐敗でよどんだ社会に漂う停滞した雰囲気でした。しかも、それが行政にとどまらず、どうやら人々の職場や日常生活の領域をも蝕んでいるように思われたことです。各種許認可の証明手続きから、税務、警察、税関は言うに及ばず、腐敗は司法の世界にも浸透していました。裁判では、係争案件ごとに判決のプライスリストがあることを誰もが知っており、裁判所の事務職員から容易に入手できるのです。

「ヤヌコーヴィチ政権下、この国では盗み（公金の着服、横領）や賄賂が生活の規範になろうとしています」

旧友のひとりは、私に訴えかけるようにそう語りました。そして、こう付け加えました。

「人々は、何が正常な制度であるかを見失いかけているのです」

社会の腐敗はそれほどまでに深刻でした。当然ながら、ビジネスは低調になり、経済は低迷します。欧米系の銀行は、すでに二年ほど前から次々に撤退していたのでした。

私が専門調査員として日本大使館に勤務した一九九六年四月から九九年三月にかけての時期、キエフにはウクライナ系移民の二世、三世が多く住み、欧米企業のカントリー・マネージャー、政府系の援助団体や国際機関などが派遣するコンサルタントとして活躍していました。

カナダやアメリカを中心に、北米には二五〇万とも三〇〇万ともいわれるウクライナ系移民、いわゆる「ディアスポラ」がいます。一九世紀後半、オーストリア・ハンガリー帝国下の西ウクライナで、農民が活路を求めて渡ったのがはじまりとされます。当初はアメリカ北東部の工業地帯へ、その後はアメリカやカナダで農業を営むために海を渡りました。またその後、ロシア革命から第二次世界大戦へいたる期間には、ボリシェビキによる弾圧やスターリンの農業集団化がもたらした大飢饉から逃れるため、多くのウクライナ人が自由を求めて北米やヨーロッパへ移住したと言います。

　そしてソ連崩壊後、彼らの多くが祖国へ戻り、まるで荒れ果てた大地を耕すように、祖国の復興を後押しし、新たな市場の開拓に余念がなかったのです。ウクライナ社会の改革と市場経済化のために彼らが果たした役割は、とても大きかったのではないかと私は思います。週末には、気の置けない仲間同士のホームパーティーがありました。彼らと過ごした心地よい時間は、在任中の忘れがたい思い出です。その欧米コミュニティも、いまではすっかりさびれています。

　一方、経済の舵取りはどうかといえば、電気料金やガス料金は、なんと一五年前さながらに逆ザヤのままなのです。ＩＭＦは、ウクライナ政府によるエネルギー補助金がＧＤＰの七・五％に達するほどだ（二〇一二年）と報告しています。政府は慢性的な財政赤字に悩んでいました。そして、歳入不足を国債発行で賄うために、中央銀行は金利を高く維持するとともに、愚かにも通貨をドルにリンクさせる通貨高政策を漫然とつづけていたのです。

　しかし、そのような政策をつづければ国産品の競争力は落ち、代わって輸入品ばかりが増えることになります。案の定、スーパーマーケットは輸入雑貨や輸入食料品で溢れていました。「フランス家庭のクロワッサンは、やがてウクライナ産に取って代わられるだろう」と、かつてフランス農家を不安にさせたウクライナ農業も、いまではすっかり競争力を失っています。私の知るウクライナは、肥沃な黒土に恵まれた五穀豊穣の国だったはずなのに。以前は人気のあった国産ビール「オボロン」も姿を消していました。

他方、中央銀行は、市場介入によって貴重な外貨準備を取り崩すという悪循環に陥ってもいました。外貨準備はすでに二〇〇億ドルを割って輸入の二カ月分にも満たない水準で、デフォルトの危険性が指摘されているのです。今後一年以内の債務返済は総額六五〇億ドルにのぼるという見方もあり、またそれに加えて年間一五〇億ドルの経常赤字が見込まれてもいました。つまり、今後一年間に八〇〇億ドル以上の外貨建て資金需要が控えていると予想されるのです。要するに、政府は巨額の債務を抱え、経済は破綻の淵に近づきつつあるということです。二月政変の根源はここにあると私は考えています。

親ヨーロッパvs.親ロシア　東西の心の谷間

そもそもウクライナという国は、国家としてのまとまりを形成しにくい歴史を有しています。ドニエプル河を挟んで、国土の東部と西部とで、その生い立ちと経済の成り立ちが大きく異なっているのです。

歴史的に、黒海北岸のこの地域一帯はもともとポーランドの影響下にありましたが、ドニエプル河左岸の東ウクライナは、キエフを含めて早い段階で帝政ロシアに併合されます。そして、東部のドンバスは、豊富な石炭と鉄鉱石に恵まれて、ロシアの重工業化政策の一翼を担って発展を遂げるのです。したがって、東ウクライナの経済にはいまもロシアとの関係が欠かせません。これに対し、ガリツィアをはじめ西ウクライナは、ポーランドやオーストリア、ハンガリーの一地域として常にヨーロッパ史の変遷とともにありました。現在の版図全体がソ連になったのは、ほんの戦後のことでした。

そのため、この国を東の端から西の端まで車で走ると、地域の生い立ちを反映して景色がはっきりと変わるのです。東のロシア国境に近いドンバスは重工業地帯で、まさに社会主義ソ連そのものです。他方、キエフから西へ行くと、リトアニアやポーランド時代の崩れかけた城壁や貴族の屋敷跡があちこちに残り、ヨーロッパ史の一端をそこに垣間見ることができました。また、ガリツィアの中心都市リヴォフには、ヨーロッパの情緒が静かに息づき、街の佇まいはヨーロッパそのものなのでした。そして、さらに標高一六〇〇mのカルパチア山脈を西へ越え、なだらかな裾野を埋める赤い屋根と白壁の家々や丘の斜面のぶどう畑を見ていると、そこはもうヨーロッパなのだとつくづく思ったものです。

他方、ウクライナには、東部を中心に全人口の一七%、およそ八六〇万人のロシア系住民がいると言われています(二〇〇一年国勢調査)。ソ連崩壊直後におこなわれた国民投票では、これらのロシア系住民の多くがこの国の豊かさに希望を託し、ウクライナの人々とともに独立への意思を表明しました。

しかし、初期の高揚感が去った後、そこに見えてきたのは東西の心の谷間でした。それ以来、親ヨーロッパ派と親ロシア派の間で国論が分かれ、この国の政治は両者の危うい妥協の上に成り立ってきたように思われます。またそのため、政府は税制の改革や公共料金の値上げ、年金制度の改革など、国民の痛みをともなう不人気な改革を実行できず、市場経済にふさわしい財政基盤を確立することすらできずにきたのではないかと思います。

かつて在任中、私には、こういう国で金融と財政を担当する貴殿や若い財務大臣の疲れきった後ろ姿を見ると、本当に気の毒に思えたものです。ウクライナ国立銀行の三階で、貴殿がブドウを口に運びながら議会を批判していた様子をよく覚えています。けれども、一五年後のいまもなお、ウクライナでは歳出を減らすための改革がそれほど進んでおらず、同じ課題を解決できずにいるのです。

要するに、ウクライナはひとつの国としてのまとまりを形成できないまま、東西の対立と政争に明け暮れているうちに、いよいよ経済が行き詰まったということのようなのです。そしてこの間、両者の妥協のツケを外国からの借金で埋め合わせてきた。つまり求められているのは、通貨「フリブナ」の思い切った切り下げも含め、身の丈にあった経済と生活に戻って出直さなければならないということ。私はそう考えています。

ＥＵとの自由貿易協定は自国の経済を痛める

私には、ウクライナがＥＵとの連合協定（自由貿易協定）を望む理由が理解できません。利益を得るのがドイツやフランス、ポーランドなどＥＵ諸国の側であることは明らかです。低迷するＥＵ経済は、人口四六〇〇万の一大新興市場を手中にできるのです。けれども、ウクライナが競争力を有する輸出品には、厳しい輸入割当（各国ごとに上限二％の範囲内）が課されます。これでは、ウクライナはＥＵ商品に市場を奪われ、自国経済を痛めるだけなのです。東部や南部の鉱工業や化学産業は深刻な打撃をこうむるでしょう。また、ウクライナ農業は、手厚い補助金に守られたＥＵ産品との競争によって苦境に立たされるに違いありません。しかも、連合協定を締結したとしても、近い将来、ＥＵに加盟できるとは限らないのです。ヤヌコーヴィチ前大統領にもそのような事情はわかっていたはずです。

ヤヌコーヴィチ氏は、ロシアとだけ連携したかったわけではないでしょう。デフォルトの危機が迫るなかで、貴殿を含む過去の大統領と同じように、ロシアとＥＵの間でバランスを取ろうとしていました。交渉のねらいは、ＥＵとの連合協定そのものに共感したからではなく、ロシアとＥＵの双方を揺さぶる「金策」にありました。けれどもＥＵが態度を崩さず、資金援助を拒んだため、ロシアへと向かいました。そして、これに対してロシアは、公的債務の償還に必要な一五〇億ドルの金融支援と、天然ガスの三三％

割引を約束して応えたのでした。

しかしながら、二月政変後、ロシアとの関係は根底から変わり、この金融支援は撤回されました。それに代わって、国際金融機関やEU、アメリカ、日本などから緊急の債務支援を受けられることになりましたが、今後は天然ガスの値引き(年間二〇億ドル相当)はなくなります。加えて、ロシア国営ガスプロムからは、二〇億ドルの滞納金の返済を求められてもいます。欧米諸国の金融支援を得られたとしても、ウクライナ経済の先行きは依然として相当に厳しいと言わざるを得ません。

他方、私には、そもそもロシアの支えなしにウクライナの経済は立ち行くのだろうか、という基本的な疑問があります。

ウクライナは石油・天然ガスをロシアから輸入しています。しかし、これまでその代金のすべてを通常の貿易取引としてまともに支払ってきたわけではありません。なぜなら、支払いが滞るたびにウクライナは、国内に残った旧ソ連の資産、たとえば黒海艦隊の持ち分の売却やその基地としてのセヴァストポリ軍港のリース料、あるいは石油・ガス輸送パイプラインの通行料による相殺や過去の債務の長期的な繰り延べという形で、ロシアとの間で政治的に解決してきた経緯があるからです。核弾頭の撤去とロシアへの譲渡も例外ではありません。

この関係こそ、まさしく「石油は穀物より強し」と言うべきでしょう。ウクライナ経済の基盤は脆く、ロシアにこれまで大きく助けられてきました。逆にいえば、そのようにしてロシアはウクライナに対して影響力を発揮してきたのでした。

ウクライナの安定はウクライナ人にしかできない

ロシアにとり、ウクライナは正教文明のルーツを成し、自らのアイデンティティにつながる土地です。また、地政学的にみるとロシアとヨーロッパの間に位置しており、黒海はロシアにとって南の海への出口にあたります。つまり、ウクライナはユーラシアの要衝にあるということです。ロシアはウクライナなくして帝国たり得ず、ウクライナあればこその帝国である、と言われる所以です。要するに、ウクライナはロシアが生命線とみなす国なのです。歴史的にも、一八世紀はじめ、ロシアはスウェーデンを破って(ポルタヴァの戦い)ウクライナを併合したことにより、ヨーロッパの列強に加わったのでした。

そして、かたやEUやアメリカもまた、ウクライナを地政学的な観点で重要視しているからこそ、現下の混乱を最小限にとどめるために経済支援に動き出しました。同時に、それによってロシアとの間にくさびを打ち込みたいと狙っています。しかし、その欧米諸国自身が各国経済に不安を抱えている状態で、急落するウクライナ経済を最後まで支援する覚悟があるとは到底思えません。私には、EUがロシアに代わってそこまでするとは思われません。EUやアメリカは、実際に危機が起きたのを見て慌てて経済支援に動き出しました。ウクライナ問題への対処について、冷徹で慎重な判断と覚悟があったわけではないでしょう。

要するに、ウクライナの安定はウクライナ人にしかできないのです。欧米諸国とロシアの対立が険しさを増すなかで、五月末に選出される新しい大統領は、「プーチンのロシア」との関係をどうするかというむずかしい選択を迫られるに違いありません。そして、プーチン大統領はそれを冷徹に見抜いているはずです。また、それゆえに動じないのです。

他方、一五年前にウクライナを後にしたとき、私は、ロシアからの独立や欧州への統合についてこの国の人々の口から語られるあらゆる修辞が(当時は「欧州統合庁」という役所までありました)、眼の前の現実からあまりにかけ離れていることを思わずにいられませんでした。ロシアから独立し、自由で開かれた社会を目指すためには、まずこの国の社会全体を厚く覆う旧体制の遺物を取り除いてゆかねばなりません。ところが、その残滓をぬぐい去った後、そこに現れる素の社会をどのようにひとつにまとめ、政治と経済を安定させていけばよいか、その解が示されないのです。残念ながら、この状況は独立後二〇年以上が過ぎたいまも変わっていないように思われます。

私は、この度のウクライナ二月政変は、グローバルな経済空間において、地政学的な要衝に位置する新興国が立ちゆくために何が必要かを問いかけているように思います。その点で、極端な愛国精神や反ロシアのナショナリズムは、経済発展への道幅を狭めてしまう可能性を孕んでいます。ウクライナの人々が偏狭なナショナリズムを克服し、ロシアとのつながりを現実として肯定しつつ、地域の多様性と経済の多面性に立脚し、むしろヨーロッパとロシアの架け橋となって出直すことが何よりも重要であるように私には思えます。

独立信仰の危うさ

しかしいま、ロシアはクリミアに侵略し、併合しました。情勢は緊迫の度合いを増しています。

「ウクライナで何が起こっているか。これについて答えることは数日前にはむずかしかった。けれどもロシアがクリミアに侵略したいま、私は明確に答えることができます。私たちはいま、自由と独立のために闘っているのです、と」

キエフに住む友人は、私にメールでそう伝えてきました。

問題は、暫定政権が内部に孕むリスクです。暫定政権は、「右派セクター」と称される過激なナショナリストの「連合体」から、ティモシェンコ元首相グループまでの寄せ集めと言われます。政府の基盤は脆く、行動はまとまりを欠くと言わざるを得ません。

この政権に求心力を期待することはむずかしいでしょう。したがって、不測の事態が起こり得るリスクをいかに管理していくか、これが、いま最も重要な課題なのではないかと思っています。

他方、EUやアメリカは把握しているはずです。この政変の初期において、ビルの上から反政府集会の参加者や警官が狙撃され、警官八名を含む二〇名以上が犠牲となった悲劇について、スナイパーを雇っていたのが暫定政権側であったということを。また、暫定政権の国防・治安部門を掌握しているのが、デモ隊の急進化を扇動した「右派セクター」のナショナリストたちであることを。そして、彼らの多くは反ロシア主義を掲げています。おそらく、プーチン大統領が一歩たりとも譲る気配を見せないのはそのためでしょう。

私はナショナリストの独立信仰に危うさを禁じ得ません。しかし、親欧米的だった貴殿をはじめ、私の知るウクライナの人々が過激なナショナリストたちを支持することはないでしょう。私はそう確信しています。

（初出、岩波書店『世界』二〇一四年五月号をもとに改訂）

追記II
続・誰にウクライナが救えるか——最悪の戦争の暁に

最悪の戦争である。

あらゆる戦争は常に悲惨である。

だがしかし、この戦争は憎しみの果てに起きたのではない。この戦争が最悪であるのは、ロシアとウクライナが古くから兄弟国のような関係にあったためばかりではない。真の当事者が、実はウクライナとは別のふたつの大国、ロシアとアメリカであることが、戦火のなかを彷徨える人々の悲惨さをいっそう際立たせている。

プーチン大統領は、ウクライナをロシアにとって脅威とならない、昔ながらの気のおけない弟分の国(帝政ロシアでウクライナは行政上、「小ロシア」と名付けられていた)に戻そうと図る。そして、ウクライナへ侵略し、次々に都市を砲撃しつつ、遠く大西洋を越えたアメリカへ視線を投げる。

バイデン大統領はプーチンの暴挙を世界へ向かって糾弾し、権威主義に対する民主主義の結束を訴えて打倒プーチン体制の意図を隠さない。そして、NATO同盟に呼びかけてウクライナへ兵器を供与しつつ、制裁の斧で反撃してロシア社会を締め上げる。視界の先には、もうひとつの全体主義大国、中国の存在があるだろう。

すでに多くの血が流れ、数えきれない命が奪われた。兵士ばかりではない。市民や幼い子供たちまでもが犠牲になっている(正確な数字は定かでない)。多くの人々が家を失い、生活を奪われた。大国同士が覇権を争う構図がどうであれ、またいかなる事情があるのであれ、人道を顧みず、殺戮を指揮するウラジーミル・プーチンの罪は限りなく重い。私たちにとって唯一の救いは、地上における第三次世界大戦が回避されていることだけだ。

ユーロマイダン革命の真実

この戦争は、何もいま、突然始まったわけではない。転機となったのが、さきの政変である。八年前、私は『世界』の同年五月号に「誰にウクライナが救えるか――友ユシチェンコへの手紙」(本書追記I)と題する小論を寄稿し、その末尾にこう記した。

「EUやアメリカは把握しているはずです。この政変の初期において、ビルの上から反政府集会の参加者や警官が狙撃され、警官八名を含む二〇名以上が犠牲となった悲劇について、スナイパーを雇っていたのが暫定政権側であったということを。また、暫定政権の国防・治安部門を掌握しているのが、デモ隊の急進化を扇動した「右派セクター」のナショナリストたちであることを。そして、彼らの多くは反ロシア主義を掲げています」

凍てつくウクライナの二〇一四年二月、この国では、当時のヤヌコーヴィチ親ロシア政権が、前年末にEUとの新たな連携よりもロシアとの古くからの結束を選んだことへの国民の落胆と反発が、同大統領の権威主義政治がもたらした汚職と腐敗、経済の行き詰まりに対するやり場のない憤りに火をつけて、やがて状況は武装ナショナリストの蜂起とスナイパーが放った銃弾によって煽られ、反ロシアの政変の坩堝と化していった。

ユーロマイダン革命。いま、キエフ市民の間でそう呼ばれる政変は、数日間で警察官を含む八十余名の血の犠牲のうえに遂げられた(正確な人数は報告によって異なる)。

「スナイパーの背後にいるのはヤヌコーヴィチではなく、新政権の誰かだ」

デモ隊と警察隊が衝突して二週間が過ぎようとする頃、EUのアシュトン外交・安全保障上級代表(以下、いずれも当時)とエストニアのパエト外相が電話で交わした会話の録音ファイルが動画サイトに流出した(産経新聞、二〇一四年三月六日)。

実は、この政変で決定的な役割を果たしたのが、「右派セクター」や「スヴァボーダ」(自由)など一部の急進的なナショナリスト集団だったことは、いまではあまり語られない。

彼らのなかには、第二次世界大戦下の西ウクライナで、ソ連からの独立をめざしていっときナチス・ドイツに協力したことで知られるステパン・バンデラの負のレガシーを受け継ぐ武闘派も含まれてはいたのだが、それでも反ロシアの急先鋒となって打倒ヤヌコーヴィチの闘争を前線で戦い、マイダンにおける連日の抗議集会を組織した彼らナショナリストたちの行動は、「プーチンのロシア」に怒り、あるいは失望したウクライナ社会の幅広い層の人たちが抱く愛国の情とひとつに溶け合っていたのだった。

ユーロマイダン革命からいまに続く道

二〇一四年四月、政変の余燼くすぶるキエフを訪れたときのことだ。ホテルのロビーで友人を待っていると、向こうからカーキ色の戦闘帽を目深にかぶってブーツを履いた男が現れた。それが彼だった。急進派のナショナリスト戦士だと、ひと目で知れた。私たちが再会を喜んで抱き合う様子を、フロント係やドアマンたちが温かい眼差しで眺めていた。ウクライナの人々の心はひとつなのだ、私はそう感じざるを得なかった。

ヤヌコーヴィチ政権の崩壊が決まるや、ロシアは黒海艦隊の基地のあるクリミアを武力併合していた。プーチン政権は、ウクライナの主権と領土の一体性を侵害した。街では、「ウクライナに栄光あれ！　英雄たちに栄光あれ！」（一九一七〜二一年の独立戦争で定着した文言）が市民たちの合言葉になっていた。「英雄たち」とはマイダン革命の犠牲者と、その頃にはすでに始まっていた東部ウクライナでの戦闘を戦う兵士たち（そこには多くの義勇兵も含まれていた）のことを指していた。

およそ〝革命〟とは、さまざまな利害と思惑が交錯する混沌と熱狂によって彩られるものなのかもしれない。

「ヤツェニュクには政治と経済の経験がある。クリチコが入るとうまくいかないだろう。国際的に信頼されている人物を招いて一役買ってもらえるといいが……」

政変のさなか、アメリカのヌーランド国務次官補（バイデン政権でウクライナ問題を担当する現国務次官である）とキエフ駐在のパイアット大使のふたりが、この政変を支持し、暫定政権の人事について電話で話し合う様子がリークされたエピソード（BBC、二〇一四年二月七日）も、いまでは忘れられた感がある。

果たしてその後、ふたりが描いた筋書きどおり、クリチコはキエフ市長になり（プロボクシングの元世界チャンピオンで、ロシア軍と戦う現キエフ市長である）、ヤツェニュクはマイダンで開かれた勝利集会で〝革命〟政権の暫定首相に指名される。正式な政権移譲の手続きを踏まないやり方を非難するロシアの声はかき消された。そして、ヤヌコーヴィチ・ファミリーはロシアへ逃れた。

やがて、その流れで五月に大統領選挙がおこなわれてポロシェンコ新政権が誕生すると、政変の影の立役者だった国々が晴れて表舞台に顔を揃えた。ナショナリスト集団の代表たちも加わった。

ポーランドからクワシニエフスキ元大統領がEU統合担当の副首相として招かれた。財務相にはアメリカ国務省からウクライナ系移民の末裔が、経済発展貿易相にはリトアニアの実業家が、また保健相にはジョージアからサカシビリ親米政権時代の元閣僚が招かれた。国家安全保障・国防会議のトゥルチノフ書記と最高会議のパルビー第一副議長のふたりはマイダン運動を主導した活動家だった。

他方、それより前、暫定政権がまずおこなったのは、ロシア語を公用語とする法律(「国家の言語政策の基本方針に関する法律」二〇一二年七月制定)の廃止だった。この決定に、南部や東部に多かったロシア系住民が反発し、私がキエフを訪れた四月には、すでに黒海の港町オデッサやアゾフ海に面するマリウポリなど、国内のあちこちで暴動が起きていた。東のロシア国境に近いドンバス地方では、ドネツク州とルガンスク州の一部ロシア系住民が自治を求めて〝人民共和国〟の樹立を宣言しようとしていた。

くだんの私の友人も民兵団に加わってドンバスへ赴き、親ロシア派の武装勢力と戦っていた。首から下げたロケット・ペンダントには、名前と連絡先を記した紙片が入っていた。内戦の始まったドンバス上空でマレーシア航空機が撃墜されたのは、その夏の七月だ。武装勢力の背後に、ロシアの支援があることが疑われた(プーチン政権は公式には

中央：コジャラ元外務大臣，右：友人のアンナさん，左：著者．
2014 年 3 月，政変の余韻くすぶるキエフ市内のカフェにて

これを認めていない）。アメリカとEUは横一線の対ロ制裁網を張った。ウクライナのいまはその延長線上にあるし、現下の戦争はこのときから始まっている。

根底にあるアイデンティティの分裂

「この国では一〇年ごとに革命が起こる。最初のそれは一九九四年、独立後の経済危機によって初代のクラフチュク大統領が失脚した。次は二〇〇四年、ユシチェンコのオレンジ革命。そして二〇一四年のユーロマイダン革命というように……」

二〇一四年の春先、ヤヌコーヴィチ政権の外相を務めた友人は自嘲気味にこう語った。

「残念なことですが、子供たちを暴漢

から守らなければなりません」

私との短い会見を終えると、彼はそう言い残して、家族とともに追われるようにウクライナを去った(いまもキエフには戻っていない)。

そもそも、ここへ至るこの国の不安定化は、独立後間もなくして顕れた東西の心の谷間、〝ドンバスの変心〟に対する〝ガリツィアの不安〟に始まる。

ウクライナという国(ソ連邦を構成した元ウクライナ共和国である)は、国土の東と西とで、その歴史的な生い立ちと経済の成り立ちが大きく異なっている。つまり、領土の拡がりと、歴史、民族、宗教の分布が一致しない。主流のウクライナ人は、長く独自の国家(ネーション・ステート)の枠組みを形成できずにきた。そのため、皮肉にもソ連が崩壊して独立すると、国家としてひとつにまとまりにくいという歴史的で、構造的な脆さとあらためて向き合うことになった。

黒海北岸のこの一帯は、古くはポーランドの影響下にあったのだが、ドニエプル河左岸のほぼ東半分はキエフを含めて早い段階にロシアの支配下に入り、強大化するロシア帝国とソ連の工業化の一翼を担って発展する。

ロシア人も多く移住して、ロシア語が共通言語になり、東方正教会が普及した。同じスラブ民族同士で、ロシア人とウクライナ人の結婚も普通におこなわれた。サプライチェーン(産業の供給網)もつながって、ふたつの社会は兄弟のように分かちがたく結ばれていた。ロシア革命の混乱期に民族共和国としていっとき独立したことはあったが、それも短命（一九一七〜二〇年）に終わっている。

これに対し、ドニエプル河右岸の西半分は、ポーランド・リトアニア、さらにはオーストリア・ハンガリー帝国の一地方として、長くヨーロッパ史の変遷とともにあった。そこでは民族言語のウクライナ語が話され、ポーランドの影響を受けた土着のウクライナ東方カトリック（ユニエイト）が広く信仰された。特に、ガリツィアやカルパチアと呼ばれる西ウクライナがソ連に組み込まれたのは、ほんの八〇年近く前の第二次世界大戦後のことに過ぎない。

そのため、ソ連が崩壊し、独立初期の高揚期が過ぎると、地域間の対立と民族間の摩擦が表面化する。東部の産業地帯ではロシアとの再統合を求める動きが起こった。他方、東欧とつながる西ウクライナからはヨーロッパ化の波が押し寄せた。それ以来、東の親ロシア的な人々と西の親ヨーロッパ的な人々の間で国論が分かれ、この国の政治は両者の危うい妥協のうえに成り立ってきたように思う。

この対立と摩擦は、東に多く住むロシア系、もしくはロシア化したスラブ人と、西ウクライナのヨーロッパ化したスラブ人の考える、ウクライナという国の理想像の違いということでもあっただろう。要するに、不安定化の根底にウクライナの国土に住む人々の帰属意識、つまりアイデンティティの分裂があったといっても過言ではない。

ロシアはウクライナそのものを失った

最後にキエフを訪れたのは、新型コロナウイルス禍前の二〇一九年九月である。

ユーロマイダン革命から五年以上が過ぎたこの街で、多くの市民はロシアにはっきり背を向けて、西のEUの方を向いていた。東へおよそ六〇〇㎞離れたロシア国境に近いドンバスでは、ウクライナ軍と親ロシア派武装勢力との衝突が散発的に続いてはいたが（私の滞在中も毎日、数人のウクライナ軍兵士が犠牲になり、累計の死者数はその時点ですでに一万人近くに達していた）、それでも人々はビザなし入国を利用して（ウクライナとEUは、二〇一七年五月にビザ免除協定を締結）、ヨーロッパへ自由に出入りできることを心底楽しんでいるようだった。

脱ロシア化は経済関係にも表れていた。手元の統計で貿易相手先の変化をみると、この一〇年でロシアとの貿易が著しく減少し、EUやその他の国々とのそれに置き換わっていることが明らかだ。一〇年前には輸出の二五・六%、輸入の三二・四%をロシアが占めていたのに対し、二〇二〇年にはそれぞれ三七・八%、四三・四%をEUとその他の国々が占めている。ロシアとの貿易はわずか五・五%、八・四%を占めるに過ぎない。

また、EUへの出稼ぎ労働者からの送金も、ビザなし入国が可能になる前の二〇一六年と比べると、この数年でほぼ倍増している。この国の安い労働力がヨーロッパの労働市場を底辺で支える存在になりつつある事情がうかがえる。

覆水、盆に返らず、と言う。プーチン大統領は、同じスラブの兄弟国であるウクライナの人々が久しくロシアへ寄せてきた親和の情を失った。ユーロマイダン革命が転機だったのだろう。この国は東西の対立を克服し、ヨーロッパを向いてひとつの国民国家を形成しつつある、これが実感だった。

あるいは歴史には、そこを過ぎると、もはや引き返すことのできない通過点のような局面があるのではないかとも思う。

現在、東部ウクライナで親ロシア派がその一部を支配するふたつの州、ドネツク州とルガンスク州の人口は合わせてざっと六五〇万から六六〇万。そのうち、ロシア語を母国語とするロシア系住民はおよそ二五〇万。二〇一九年七月以来、プーチン政権は彼らに対してロシア・パスポートを付与する政策を進めてきたが、実際にこれに応じたのは、二〇二一年末時点で全体の三分の一にも満たないわずか七〇万人足らず。そのほかの大多数のロシア系住民は、ウクライナ・パスポートのままでいる、つまりウクライナ国民であることを選んだ。

ロシアはすでにウクライナそのものを失っている。多くのロシア系住民を含めて、〝プーチンのロシア〟に愛想をつかせている。これが実態だとすれば、プーチン大統領の危機感も深いに違いない。

他方、二〇一九年一月、イスタンブールにある東方正教会のコンスタンチノープル総主教庁は、ウクライナ正教会のロシア正教会からの独立を承認した。東方正教界におけるモスクワの権威は大きく傷ついた。

ロシアにとり、ウクライナは正教文明のルーツを成し、自らのアイデンティティにつながる隣国である。また、ウクライナは同じ東スラブ民族に属し、言語も文化も近い。そしてこの国は、一八世紀以降はロシア帝国の、二〇世紀にはソ連の不可欠な一部を形成した。プーチン大統領がふたつの国の「歴史的な一体性」を主張するのはそのためだ。

ウラジーミル・プーチンは手遅れになるまえに、専制的権力者としての自らの政治的余命とその限りある時間軸を考慮して、ロシアから離反していくウクライナを力づくで取り戻すことを決意したのではなかったか。この度のロシアによるウクライナ侵攻の背景について、私はそう考えている。

ソ連崩壊後のプロセスに終止符を打つ

同時に、それはロシアにとり、ソ連崩壊後の長いプロセスに終止符を打つことでもあっただろう。

近代ヨーロッパのイギリスやオランダなどが、海を渡って植民地を増やしていったのに対し、同じ時代、ロマノフ朝のロシアは陸続きの領域として領土を拡げた。前者にとり、その後に始まる植民地の独立が、本国自身の安全保障上の直接的な脅威になることはほとんどなかった。

だがしかし、ロシアの場合は違った。ロマノフ朝のロシアは広大なる境域国家を形成した。そこでは本国と植民地が、はじめから陸続きで境界そのものが定めがたく、むしろロシアという領域が、民族や文化の境を越えて際限なく、かつ一体的に拡がった。

しかもロシア本国にとり、こうして拡大した境域の長い外縁は、あらたに獲得した領土を守るための緩衝地帯でもあった。ロシアの領土の特殊性はひとえにこの点にあるし、現在のロシアと、それと隣接する国々が相互に宿すこの地政学的な特殊事情を抜きにして、ソ連崩壊後のユーラシアに生じた（あるいは、このさきの未来に生じ得る）さまざまな出来事の意味を理解することはできないだろう。クレムリンのエリートたちが自らの古い殻を破れずにいる限り、北方の境域国家は緩衝地帯を必要とする。ロシアとウクライナの関係もまた例外ではない。

他方、NATOの東方拡大をどうするか。これは本来、三〇年ほど前にさかのぼる東西冷戦終結とソ連崩壊後の、いわば〝後始末〟とも言うべき問題のはずだった。

一九九一年七月、ソ連政府は自らすすんで東側の軍事同盟であるワルシャワ条約機構を解体した。他方、これに対し、西側のNATOはその後も営々と存続した。そればかりか、かつてソ連の衛星国になることを強いられた旧東欧やバルカン諸国がつぎつぎと加盟申請するにおよんで、NATOはロシアの不安をよそにそれらを承認し、取り込んでいった。

もちろん、NATOはそれらの国々の首に縄をかけて無理やり加盟させてきたわけでは決してない。むしろ、ロシアをはじめ関係国との調整に意を砕きながら、当事国からの強い要望を受けてやむなく加盟を認めてきたに過ぎない面もあったのだが、いずれにせよ、東方拡大はその結果の現実でもある。NATOの東の前線は、いまやバルト海に面するエストニア、ラトビア、リトアニアの三国まで、ロシアの北都サンクトペテルブルクからわずか一六〇km足らずのところにまで迫っている。

ロシアはクリミアを手放さない

けれども、ロシアが歴史的空間と位置づける領域となると、話は別だった。ウクライナ政府が二〇〇八年一月にひそかにNATOに対して加盟意思を伝えていたことを知るや(アメリカ上院外交委員会に宛てた書簡は、当時のユシチェンコ大統領、ヤツェニュク最高会議議長、ティモシェンコ首相の連名による)、プーチン大統領は同年四月に自らブカレスト首脳会議へ乗り込んで、ウクライナの加盟手続きを進めないように説得したのだった。彼がこのように動いたのは、後にも先にもこのとき限りだという(D・トレーニン著『ロシア新戦略――ユーラシアの大変動を読み解く』)。

やむなくNATOは首脳会議後の共同声明で、将来におけるウクライナとジョージアの加盟を約束しつつ、すぐには実際の手続きに入らないことを表明する。そしてそれが、同年八月にコーカサスの空を焦がしたグルジア内戦の導火線になったことは言うまでもない。

いま、プーチン大統領が見据えるのは、西の地平から迫るNATOの前線である。ロシアによるウクライナ侵攻後、NATOはあらたにフィンランドとスウェーデンの加盟申請を承認した。

視界のさきにはクリミアがあるはずだ。黒海に張りだすクリミアは、すべてのロシア人の記憶に刻まれた歴史の要塞である。ロマノフ朝のロシアは一八世紀後半にトルコと戦って黒海沿岸へ進出すると、つづいてクリム＝ハン国を撃ち破り、さらに南下を図り、文豪トルストイも従軍したクリミア戦争（一八五三〜五六年）を戦った。セヴァストポリの要塞と軍港は、ボスポラス海峡をのぞんでNATOを睨む安全保障上の砦である。だからこそ八年前、ヤヌコーヴィチ政権の崩壊が決まるや、NATOに彼の地を奪われる前に、電光石火の立ち回りで武力併合したのだった。

そして現在、西の飛び地カリーニングラードとシリアを結ぶ、対NATO防衛ラインのセンターに位置するのがクリミアにほかならない。ロシアが再びクリミアを手放すことはないだろう。

アメリカはウクライナをNATOに取り込むべきではない

東西の地政学的はざまに位置するウクライナが、自らの平和と安全をどう確保していくか。あるいは、ロシアやヨーロッパとどういう関係を築いていくか。言うまでもなく、それはウクライナ国民自身が決めるべき問題である。主権はけっして侵されてはならない。

独立後まもない一九九二年のことだが、私はウクライナ最高会議の経済改革管理委員会のお世話になって国づくりの現場を調査した。

一九九〇年代前半、ロシアとウクライナの間には決定的とも言える対立がいくつか浮上した。たとえばそれは、クリミアの領有と黒海艦隊の帰属をめぐる問題であり、核弾頭の撤去とロシアへの譲渡をめぐる問題であり、ウクライナに住むロシア人の権利と保護の問題であり、はたまた石油と天然ガスの取り引き価格、輸送パイプラインの通行料をめぐる問題などだ。

往時、ウクライナ内外の多くの人々が武力衝突を予想したが、両国はかろうじてそれを回避してきた。それは、親ヨーロッパと親ロシアを志向する大統領が交互に選ばれて、東西のバランスが危ういながらも保たれてきたからではなかったかと思う。

反面、そこに生じたさまざまな利権をめぐって、行政の腐敗と汚職の構造が巣食うことになったのではあるが。また、そのために経済がいっこうに安定せず、ＩＭＦの金融支援からも脱け出せず、広くて豊かな国土が擁する成長の可能性を開花させられずに迷走を続けてきたのではあるのだが。

他方、ユーロマイダン革命から一年後、オバマ大統領は米国ＣＮＮのインタビューに応えて、この政変に対するアメリカの関与を認めている(ＣＮＮ、二〇一五年二月一日)。そして当時、ヌーランド国務次官補とともに副大統領としてこの政変への対応にあたったのが、ジョー・バイデンその人にほかならない。その後も彼は、副大統領としてポロシェンコ政権のウクライナと親交を重ねた。

私はかねてから、アメリカはウクライナをＮＡＴＯへ取り込むべきではないと考えている。それが実は独立以来ずっと、この国の安定を損なうことになってきたのだし、現にいまも損なっている。アメリカはただ、復活し、敵対するロシアを抑え込みたいのであって、ウクライナの反ロシア政権はそのための道具でしかないように思えてならない。

最悪の戦争にも終わりは来る。

いずれにせよ、ウクライナが戦いつづけることができるのは、アメリカとＮＡＴＯによる強力で、かつ効果的な援護あればこその話である。兵器の補給がなければウクライナは持ち堪えられないが、アメリカやＮＡＴＯ諸国といえども、永遠にそれを続けられるわけではもちろんない。

それに「開戦」から半年が過ぎて、EUからは「ウクライナ疲れ」の声も聴こえる。ヨーロッパ経済は、新型コロナ下の金融緩和の影響にロシア制裁のブーメランが重なって、強烈な物価高に直面している。また、ロシア国営ガスプロムはヨーロッパ向けの天然ガスの供給量を削減した。この冬には、深刻なエネルギー危機に見舞われるかもしれない。他方、バイデン大統領は同盟の結束を訴えて、ロシアを弱体化させる意図を隠さない。だが、そのアメリカも、もはやかつての超大国ではない。社会は深刻な対立と分断で病んでいるうえ、そもそもアメリカにとり、最大の課題が強大化した中国への対抗にある点に変わりはない。

したがって、西側はゼレンスキー政権を支持しつつ、戦況をエスカレートさせないよう、兵器の補充を慎重に管理するだろう。ウクライナが勝ち過ぎないように、負け過ぎないように。ロシアの無法ぶりを許すことはできないが、「核」戦争の悪夢だけは避けねばならない。

それでも、ウクライナの人々は一致結束してロシアと戦う。「ロシアのくびき」との闘い、それは三五〇年の長きにわたるウクライナの歴史そのものとも言える。逆説的だが、二〇二二年二月二四日に始まった反ロシアの戦いによってはじめて、この国に住む人々は国家としての揺るぎないアイデンティティを形成しつつある。いまや、ウクライナ国民は隣国ロシアの横暴に対して抗戦する強固な主体となった。

ロシアは制裁によって孤立し、いっそう深く傷つき、衰えていくだろう。ウクライナが再びロシアの軍門に下ってしまうのか、あるいはこの戦争を経てついに真の国民国家として甦り、かつてこの地に存在したキエフ・ルーシ公国の輝きを取り戻すことができるのか。ロシアからの自由と独立を賭けた闘いはつづく。

（岩波書店『世界』二〇二二年臨時増刊号をもとに改稿）

解説　二〇二二年の戦争を理解するために

佐藤　優

二〇二二年二月二四日にロシアがウクライナに侵攻した。この戦争は長期化し、第三次世界大戦に発展する危険をはらんでいる。本書は、この戦争の背景を理解するための最良の手引きになる。

本書は二部によって構成されている。第一部は、西谷公明氏がウクライナ政府の経済改革管理委員会に執務室を与えられ、ソ連崩壊後のウクライナの激動を内側から見たときの記録だ。期間は一九九二年五月から一〇月までの足かけ六カ月という、それほど長い期間ではないが、激動期であったため、西谷氏は権力の中枢(とりわけ経済官庁)に迫ることができた。

第二部は追記Ⅰ、Ⅱという体裁になっているが、二〇一四年のマイダン革命(追記Ⅰ)、二〇二二年のウクライナ戦争に際して西谷氏が発表した論考(追記Ⅱ)の再録だ。追記Ⅰがきわめて冷静なトーンで描かれているのに対して、追記Ⅱはウクライナ戦争勃発直後の熱気に煽られたせいか、論理整合性が若干、乱れている部分がある。いずれにせよ、この二つの論考はウクライナ戦争を分析する際の必読文献だ。

まず第一部で興味深いのが、ウクライナの東部と西部の差異についての指摘だ。

〈この国は、東と西で立場が大きく違っていた。ドンバス地方を中心とする東ウクライナでは、産業界を中心にロシアとの関係改善を求める声が高く、他方、ガリツィア地方を中心とする西ウクライナは独立派で占められ、ロシアから離れ、中・東欧やヨーロッパ諸国との関係を強めるべきだと主張していた〉(八八頁)

特に西ウクライナのガリツィア地方は、カトリック教会(ユニエイト教会、東方典礼カトリック教会の一つ)の影響力が強く、カトリシズムがウクライナ・ナショナリズムと結びついている。住民がウクライナ語を話し、反ロシア感情が強い。東部のドンバス地方(ルガンスク州とドネツク州)はロシア語を話す人が多く、経済的にもロシアとの結びつきが強い。ドンバス地域の人々のウクライナ独立運動に対する姿勢について、西谷氏はこう述べる。

〈九一年の国民投票では、これらのロシア人の多くがウクライナ人とともに独立への支持を表明したとはいえ、現実にはウクライナの独立運動はこの地域では必ずしも強い支持を得てきた訳ではなかった。むしろ、チュマチェンコ所長(引用者註＊科学アカデミー産業経済研究所長)の説明によれば、この地域ではウクライナの連邦化と、そのなかでのドンバスの自治、ロシア語を母国語とすることなどが求められていたという〉(一四六

頁)

二〇一五年二月にドイツとフランスの首脳の仲介で、ウクライナのポロシェンコ大統領(当時)とロシアのプーチン大統領が署名した「第二ミンスク合意」がまさに「ウクライナの連邦化」を指向する内容だった。ウクライナのゼレンスキー大統領が「第二ミンスク合意」の履行を拒否せず、この合意に基づいてドネツク州とルガンスク州の一部に特別の統治体制を認めれば、この戦争を回避することは可能だった。

ところで、一九九一年にソ連が崩壊し、ウクライナが独立国家としての歩を始めてから二年間のウクライナにおける漸進的な経済改革を西谷氏は肯定的に評価する。

〈一方、国際機関は、ショック療法を拒み、漸進的な改革路線をとっているこの国に対し、改革を躊躇しているのではないかと疑って、支援には消極的なようだった。私自身は、ショック療法は、旧ソ連や東欧諸国の経済を自由貿易を前提とするただひとつの世界経済に編入し、冷戦終焉後の新しい世界秩序を築いていこうという西側諸国の意思で貫かれているという点で、おそらく他に比類のない首尾一貫した経済思想だと思う〉

〈だが、前にも述べたように、ソ連解体後、ロシアと違ってウクライナは、改革どころか、まず国民経済のかたちそのものを整えなければならなかった。この事情を理解すると、私にはこの国がマネタリズムの考え方に沿って急進的な改革に乗り出すのではなく、旧体制からの継続性を踏まえた漸進的な改革に頼らざるを得ないのは当たり前のこ

とで、むしろ現実的な選択のようにさえ思われた〉(二二二〜二二三頁)

ロシアでガイダル・チームが行った「ショック療法」は、現在のロシアでは「混乱の九〇年代」を象徴する負の遺産と捉えられている。プーチン大統領は、ロシア経済を自由貿易を前提とする単一の世界経済システムに編入し、冷戦終焉後の新しい世界秩序を築いていこうという西側諸国の意思をアングロ・サクソンによる新植民地主義と断罪し、国家が経済過程に介入する独自の国家資本主義路線を追求している。ウクライナに関しては、政治、経済の両面で国家体制の構築が十分できず、政治腐敗、政商の跋扈が続く中で、二〇二二年二月の戦争に突入したというのが実態だ。

西谷氏は、ウクライナ戦争の起源が二〇一四年のマイダン革命にあると考えている。私も同じ認識だ。西谷氏は、旧知のユシチェンコ元大統領に宛てた書簡の体裁を取った論考(追記Ⅰ)でこう述べている。

〈他方、EUやアメリカは把握しているはずです。この政変の初期において、ビルの上から反政府集会の参加者や警官が狙撃され、警官八名を含む二〇名以上が犠牲となった悲劇について、スナイパーを雇っていたのが暫定政権側であったということを。また、暫定政権の国防・治安部門を掌握しているのが、デモ隊の急進化を扇動した「右派セクター」のナショナリストたちであることを。そして、彼らの多くは反ロシア主義を掲げています。おそらく、プーチン大統領が一歩たりとも譲る気配を見せないのはそのためでしょう。

私はナショナリストの独立信仰に危うさを禁じ得ません。しかし、親欧米的だった貴殿をはじめ、私の知るウクライナの人々が過激なナショナリストたちを支持することはないでしょう。私はそう確信しています〉(二五五頁)

ガリツィア地方に拠点を持つ「右派セクター」の人々が第二次世界大戦中の一時期にナチス・ドイツに協力してユダヤ人、ポーランド人などの虐殺を行ったウクライナ民族至上主義者のステパン・バンデラや「ウクライナ蜂起軍」を民族の英雄視している。「右派セクター」自体は、現在のウクライナ最高会議(国会)では、議席を一つしか有しておらず、取るに足りない存在だが、バンデラを英雄視する空気がウクライナの政治エリート全体に充満している。二〇一四年時点で西谷氏は、「私はナショナリストの独立信仰に危うさを禁じ得ません」と述べたが、残念ながらこの危惧が現実になってしまった。

西谷氏は、ウクライナ戦争後に書かれた論考(追記Ⅱ)でもマイダン革命に米国が関与した事実(国際政治の常識では内政干渉になる)を指摘する。

〈他方、ユーロマイダン革命から一年後、オバマ大統領は米国CNNのインタビューに応えて、この政変に対するアメリカの関与を認めている(CNN、二〇一五年二月一日)。そして当時、ヌーランド国務次官補とともに副大統領としてこの政変への対応にあたったのが、ジョー・バイデンその人にほかならない。その後も彼は、副大統領としてポロシェンコ政権のウクライナと親交を重ねた〉（二七三頁）

西谷氏が指摘するように、米国のバイデン大統領はマイダン革命に深く関与していたのだ。

さらに西谷氏は、ウクライナのＮＡＴＯ加盟に反対する立場を明確にする。

〈私はかねてから、アメリカはウクライナをＮＡＴＯへ取り込むべきではないと考えている。それが実は独立以来ずっと、この国の安定を損なうことになってきたのだし、現にいまも損なっている。アメリカはただ、復活し、敵対するロシアを抑え込みたいのであって、ウクライナの反ロシア政権はそのための道具でしかないように思えてならない〉（二七三頁）

プーチン大統領は、ＮＡＴＯの脅威を深刻に受け止めているので、クリミアを手放すことはないとの見方を西谷氏はとる。

〈いま、プーチン大統領が見据えるのは、西の地平から迫るＮＡＴＯの前線である。ロシアによるウクライナ侵攻後、ＮＡＴＯはあらたにフィンランドとスウェーデンの加盟申請を承認した。

視界のさきにはクリミアがあるはずだ。黒海に張りだすクリミアは、すべてのロシア人の記憶に刻まれた歴史の要塞である。ロマノフ朝のロシアは一八世紀後半にトルコと戦って黒海沿岸へ進出すると、つづいてクリム゠ハン国を撃ち破り、さらに南下を図り、文豪トルストイも従軍したクリミア戦争(一八五三〜五六年)を戦った。セヴァストポリの要塞と軍港は、ボスポラス海峡をのぞんでNATOを睨む安全保障上の砦である。だからこそ八年前、ヤヌコーヴィチ政権の崩壊が決まるや、NATOに彼の地を奪われる前に、電光石火の立ち回りで武力併合したのだった。

そして現在、西の飛び地カリーニングラードとシリアを結ぶ、対NATO防衛ラインのセンターに位置するのがクリミアにほかならない。ロシアが再びクリミアを手放すことはないだろう〉(二七二頁)

この見方には説得力がある。さらに米国にとってはロシアとの戦争を回避することが至上命題になるので、ウクライナへの兵器補充を慎重に管理すると西谷氏は見ている。私も同じ考えだ。

〈西側はゼレンスキー政権を支持しつつ、戦況をエスカレートさせないよう、兵器の補充を慎重に管理するだろう。ウクライナが勝ち過ぎないように、負け過ぎないように。ロシアの無法ぶりを許すことはできないが、「核」戦争の悪夢だけは避けねばならない。

それでも、ウクライナの人々は一致結束してロシアと戦う。「ロシアのくびき」との闘い、それは三五〇年の長きにわたるウクライナの歴史そのものとも言える。逆説的だが、二〇二二年二月二四日に始まった反ロシアの戦いによってはじめて、この国に住む人々は国家としての揺るぎないアイデンティティを形成しつつある。いまや、ウクライナ国民は隣国ロシアの横暴に対して抗戦する強固な主体となった。

ロシアは制裁によって孤立し、いっそう深く傷つき、衰えていくだろう。ウクライナが再びロシアの軍門に下ってしまうのか、あるいはこの戦争を経てついに真の国民国家として甦り、かつてこの地に存在したキエフ・ルーシ公国の輝きを取り戻すことができるのか。ロシアからの自由と独立を賭けた闘いはつづく〉（二七四～二七五頁）

西谷氏は、ウクライナ戦争が長期化すると見ているが、私もそう考える。ただし、〈ウクライナの人々は一致結束してロシアと戦う。「ロシアのくびき」との闘い、それは三五〇年の長きにわたるウクライナの歴史そのものとも言える〉という見方は、これまで本書で展開してきた西谷氏の論理と齟齬を来していると私は考える。本書で西谷氏は西部のガリツィア地方と東部のドンバス地方の差異について繰り返し述べている。ウクライナは、西部のガリツィア、キエフを中心とするマーラヤ・ルーシ（小ロシア）、歴史的、言語的、宗教的にロシアとの結びつきが強いノヴォロシア（ルガンスク州、ドネツク州、ザポロージエ州、ヘルソン州、ニコラエフ州、オデッサ州）では人々のアイデンティティも政治意識も異なる。三五〇年にわたるロシアとの戦いという括りにノヴォロシアは入らない。さらにウクライナ戦争で、ウクライナ人の中でロシア人に対する「敵のイメージ」が強化されたことは事実であるとしても、ウクライナの人々が国家と結びついた揺るぎないアイデンティティを形成しつつあるとは言えないと思う。

したがって、今後のシナリオについてウクライナ全域がロシアの軍門に下ることも、真の国民国家として甦る(甦る以前に国民国家自体が成立過程にある)可能性もまずないと私は見ている。ノヴォロシア地域の一部とクリミア全域はロシアの併合下に置かれ、残余のウクライナ地域については三つの選択肢がある。①残余のウクライナ地域全域が中立国となる、②残余のウクライナ地域全域が米国との事実上の軍事同盟国になる、③残余のウクライナ地域の西部が米国との事実上の軍事同盟国となり、東部が中立的な緩衝国家となる。

いずれにせよ本書は、現時点においてウクライナに関して日本語で読むことができる最良の書である。ウクライナ戦争に関心を持つすべての人に読んでもらいたい。

二〇二二年一一月一八日

(さとう・まさる　作家・元外務省主任分析官)

本書は一九九四年三月、都市出版より『通貨誕生――ウクライナ独立を賭けた闘い』として刊行された。岩波現代文庫への収録に際し、「追記Ⅰ」「追記Ⅱ」を新たに加え、書名を変更した。

ウクライナ略年表

8世紀	キエフ・ルーシ成立
988年	ウラディミル大公，ギリシア正教を国教とする
12世紀	キエフ・ルーシ公国衰退．ウラディミル・スズダリ公国(北東部)，ノヴゴロド公国(北部)，ガリツィア・ヴォルイニ公国(南西部)はじめ，ほとんど独立した諸公国の連合体と化す
1240年	モンゴル軍キエフ攻略
1326年	モスクワ公国の興隆，ギリシア正教の府主教座が最終的にモスクワへ移る
1340年	ポーランド，ガリツィア占領
1362年	リトアニア，キエフを含むウクライナの大半(ガリツィアを除く)とベラルーシを占領
1475年	オスマン・トルコ，クリミア半島南部を占領，クリム-ハン国を臣従
15世紀頃	南部ステップ地帯にコサックが住みつく
1569年	ポーランド，リトアニア併合．ウクライナのほぼ全域(クリミアを除く)がポーランド領となる
1596年	ポーランド支配下でウクライナ正教が分裂，ギリシア・カトリック(ユニエイト)が生まれる
1648年	フメリニツキーの蜂起(対ポーランド独立戦争)
1654年	ペレヤスラフ協定(ポーランドと対抗するためにモスクワの庇護を求める)
1667年	アンドルソヴォ講和(ドニエプル河左岸とキエフがロシア領に)
1709年	ポルタヴァの戦い(対ロシア独立戦争)で大敗
1764年	ロシアによるコサック自治の廃止
1774年	クチュク・カイナルジ条約(ロシア，南部の黒海沿岸地帯をトルコから獲得)
1783年	ロシア，クリム-ハン国併合，全クリミア半島領有

1795 年　第三次ポーランド分割．ウクライナはロシアとオーストリアに分割．ロシアはドニエプル河左岸に加えて，右岸の大部分，オーストリアは西ウクライナのガリツィア，ブゴヴィナを獲得

1853 年　クリミア戦争(～56 年)

1914 年　第一次世界大戦勃発(～18 年)

1917 年　ロシア革命．ウクライナ中央ラーダ(議会)結成，「ウクライナ人民共和国」樹立．ウクライナ・ソヴィエト戦争(～21 年)

1922 年　ソヴィエト社会主義共和国連邦成立

1932 年　食糧の強制徴発，農業集団化による大飢饉(ホロドモール)

1939 年　第二次世界大戦(～45 年)

1941 年　独ソ戦開始．ドイツによるウクライナ占領(～44 年)

1945 年　東ガリツィア(ポーランド)，北ブゴヴィナと南ベッサラビア(ルーマニア)，ザカルパチア(ハンガリー)がソ連のウクライナ領域に入る

1954 年　ウクライナ併合(ペレヤスラフ協定)300 年を記念してクリミアをウクライナに編入

1986 年　チェルノブイリ原子力発電所事故(4 月 26 日)

ソ連崩壊，独立初期

1991 年　ウクライナ独立宣言，国名を「ウクライナ」に変更(8 月 24 日)．ソ連崩壊，ゴルバチョフ・ソ連大統領辞任(12 月 25 日)，名実ともに独立

1992 年 1 月　ウクライナ軍発足，黒海艦隊の編入表明．価格自由化，カルボヴァーニェツ・クーポン発行

5 月　クラフチュク大統領，ロシア議会のクリミア割譲無効決議を「領土要求」と批判

7 月　ルーブル使用停止

8 月　ロシアの天然ガスをウクライナおよびウクライナ経由で欧州へ供給する契約に署名

9 月　乳製品，パンなど大幅値上げ．独立広場で学生たちがフォー

キン内閣総辞職とCIS脱退を要求，無期限ハンガーストライキ突入．フォーキン首相，辞任

10月　ロシアおよびベラルーシ国境の税関設置法に署名

11月　ルーブル通貨圏離脱(12日)

1993年2月　ウクライナ最高会議，漸進的経済改革プラン採択

6月　カルボヴァーニェツ暴落．最高会議，START-Iの批准審議開始．東部の炭鉱ストライキが全土へ拡大．ストライキ委員会，ドネツク州の経済的自治を要求．ガス供給の大幅値上げでロシアと合意．最高会議，ロシア議会によるセヴァストポリ領有決議の撤回を要求

7月　SS19の核弾頭取り外し作業が，最高会議によるSTART-I批准を待たずに始まる

8月　ハイパー・インフレーション突入

9月　クラフチュク大統領，CIS経済同盟支持を表明．ロシア・ウクライナ首脳会談で，全核弾頭のロシア移送と黒海艦隊のロシアへの売却で合意．最高会議，クラフチュク大統領の辞任を要求

9月　クチマ首相，辞任．大統領直接統治

11月　最高会議，条件付きで，START-Iを批准

1994年　大統領選挙(6〜7月)．クチマ元首相がロシアとの経済統合を訴えて，独立強化を訴えたクラフチュク前大統領に勝利．核兵器放棄後のウクライナの安全を米・英・ロ3カ国が保障することで合意(ブダペスト覚書)，NPT(核拡散防止条約)加盟(12月)

1996年　ウクライナ憲法施行(6月)．新通貨フリブナ導入(9月)

1997年　ロシアとの友好協力条約署名

1999年　ユシチェンコ前ウクライナ国立銀行総裁，首相就任(12月)

2000年　独立後はじめてGDPプラス成長(5.9%)を達成

オレンジ革命以後

2004年　大統領選挙(10〜12月)．選挙の不正に抗議する集会・デモが全土に拡大．ポーランド，EU，ロシアなどが仲裁に入る．

やり直し選挙の結果，親欧米のユシチェンコ元首相がロシアの支持を受けたヤヌコーヴィチ前首相を破って当選，第3代大統領となる

2006年　ロシア国営ガスプロム，ウクライナ向けガス供給を停止(1月)

2008年　NATO加盟意思を表明する書簡を同事務局長宛に送付(1月)．EUとの自由貿易圏交渉開始(5月)

2009年　ガスプロム，ウクライナ向けガス供給を大幅削減(1月)

2010年　大統領選挙(1月)．ヤヌコーヴィチ元首相がティモシェンコ前首相を破って当選，第4代大統領に就任．ロシア黒海艦隊駐留の25年延長とガス価格割引を組み合わせたパッケージでロシアと合意(4月)

2012年　EUとの連合協定仮署名(3月)．「国家の言語政策の基本方針に関する法律」(ロシア語の地位向上)を政権与党が強硬採決(7月)

2013年　EUとの連合協定の署名プロセスを停止(11月)

マイダン革命以後

2014年2月　大統領・政府の退陣を求める大規模デモが，80名以上の死者を出す衝突に発展．ヤヌコーヴィチ政権崩壊．親欧米・反ロシア暫定政権誕生

3月　ロシアによるクリミア併合．ロシア語の使用禁止

4月　南・東部で騒乱が相次ぎ，東部の一部ロシア系住民が自治を要求して武装蜂起

5月　繰り上げ大統領選挙．ポロシェンコ元経済発展・貿易相が第5代大統領に就任

6月　EUとの連合協定署名．ガスプロム，ガス料金の前払い制を導入，ウクライナ向けガス供給を一時停止

7月　マレーシア航空機撃墜事故

9月　「ドンバス和平に関するミンスク議定書および同覚書」(いわゆる「ミンスク合意」)署名

2015年　「ミンスク合意履行のための方策パッケージ」署名(2月)．

ロシアからのガス購入停止を決定(11月)

2017年　EU渡航の際のビザ免除協定署名(5月)

2018年　ポロシェンコ大統領，EU/NATO加盟を明記する憲法改正案を最高会議に提出．ロシアに対し，友好協力条約の終了意思を通告(9月)

2019年　大統領選挙(3月)，ゼレンスキー氏が第6代大統領に就任(5月)．ノルマンディ・フォーマット首脳会談，捕虜交換合意(12月)

2020年　ドンバスの武装勢力側と無期限停戦で合意するも(7月)，停戦には至らず

2021年　NATO首脳会談(ブリュッセル)，将来におけるウクライナとジョージアの加盟(2008年4月，ブカレスト首脳会談における決定)を再確認(6月)．独立30周年を迎える(8月24日)

2022年　ロシア軍によるウクライナ侵攻開始(2月24日)

ウクライナ 通貨誕生―独立の命運を賭けた闘い

2023年1月13日 第1刷発行

著 者 西谷公明《にしたにともあき》

発行者 坂本政謙

発行所 株式会社 岩波書店
〒101-8002 東京都千代田区一ツ橋2-5-5

案内 03-5210-4000 営業部 03-5210-4111
https://www.iwanami.co.jp/

印刷・精興社 製本・中永製本

ISBN 978-4-00-603334-7 Printed in Japan

岩波現代文庫創刊二〇年に際して

二一世紀が始まってからすでに二〇年が経とうとしています。この間のグローバル化の急激な進行は世界のあり方を大きく変えました。世界規模で経済や情報の結びつきが強まるとともに、国境を越えた人の移動は日常の光景となり、今やどこに住んでいても、私たちの暮らしは世界中の様々な出来事と無関係ではいられません。しかし、グローバル化の中で否応なくもたらされる「他者」との出会いや交流は、新たな文化や価値観だけではなく、摩擦や衝突、そしてしばしば憎悪までをも生み出しています。グローバル化にともなう副作用は、その恩恵を遥かにこえていると言わざるを得ません。

今私たちに求められているのは、国内、国外にかかわらず、異なる歴史や経験、文化を持つ「他者」と向き合い、よりよい関係を結び直してゆくための想像力、構想力ではないでしょうか。

新世紀の到来を目前にした二〇〇〇年一月に創刊された岩波現代文庫は、この二〇年を通して、哲学や歴史、経済、自然科学から、小説やエッセイ、ルポルタージュにいたるまで幅広いジャンルの書目を刊行してきました。一〇〇〇点を超える書目には、人類が直面してきた様々な課題と、試行錯誤の営みが刻まれています。読書を通した過去の「他者」との出会いから得られる知識や経験は、私たちがよりよい社会を作り上げてゆくために大きな示唆を与えてくれるはずです。

一冊の本が世界を変える大きな力を持つことを信じ、岩波現代文庫はこれからもさらなるラインナップの充実をめざしてゆきます。

（二〇二〇年一月）

岩波現代文庫［社会］

S328
人は愛するに足り、真心は信ずるに足る
―アフガンとの約束―
中村 哲
澤地久枝（聞き手）
戦乱と劣悪な自然環境に苦しむアフガンで、人々の命を救うべく身命を賭して活動を続けた故・中村哲医師が熱い思いを語った貴重な記録。

S329
負け組のメディア史
―天下無敵 野依秀市伝―
佐藤卓己
明治末期から戦後にかけて「言論界の暴れん坊」の異名をとった男、野依秀市。忘れられた桁外れの鬼才に着目したメディア史を描く。〈解説〉平山 昇

S330
ヨーロッパ・コーリング・リターンズ
―社会・政治時評クロニクル 2014-2021―
ブレイディみかこ
人か資本か。優先順位を間違えた政治は希望を奪い貧困と分断を拡大させる。地べたから英国を読み解き日本を照らす、最新時評集。

S331
増補版 悪役レスラーは笑う
―「卑劣なジャップ」グレート東郷―
森 達也
第二次大戦後の米国プロレス界で「卑劣な日本人」を演じ、巨万の富を築いた伝説の悪役レスラーがいた。謎に満ちた男の素顔に迫る。

S332
戦争と罪責
野田正彰
旧兵士たちの内面を精神病理学者が丹念に聞き取る。罪の意識を抑圧する文化において豊かな感情を取り戻す道を探る。

2023. 1

S333
孤塁
—双葉郡消防士たちの3・11—
吉田千亜

原発が暴走するなか、住民救助や避難誘導、原発構内での活動にもあたった双葉消防本部の消防士たち。その苦闘を初めてすくいあげた迫力作。新たに「『孤塁』その後」を加筆。

S334
ウクライナ 通貨誕生
—独立の命運を賭けた闘い—
西谷公明

自国通貨創造の現場に身を置いた日本人エコノミストによるゼロからの国づくりの記録。二〇一四年、二〇二二年の追記を収録。〈解説〉佐藤 優

S335
「科学にすがるな!」
—宇宙と死をめぐる特別授業—
佐藤文隆
艸場よしみ

「死とは何かの答えを宇宙に求めるな」と科学論に基づいて答える科学者 vs. 死の意味を問い続ける女性。3・11をはさんだ激闘の記録。〈解説〉サンキュータツオ

2023.1